Berichte und Protokolle schreiben

ECON Praxis Beruf

Ernst A. Meyner

Berichte und Protokolle schreiben

Einfach, klar, verständlich

ETB
ECON Taschenbuch Verlag

CIP-Titelaufnahme der Deutschen Bibliothek

Meyner, Ernst A.:
Berichte und Protokolle schreiben: einfach, klar, verständlich;
[mit Übungen und Textmustern sowie »goldenen
Schreibregeln«] / Ernst A. Meyner. – 3. Aufl., überarb. Neuausg. –
Düsseldorf: ECON-Taschenbuch-Verl., 1990
(ETB; 21074: ECON-Praxis: Beruf)
Frühere Ausg. als: ETB; 21030
ISBN 3-612-21074-2
NE: GT

Originalausgabe
3. Auflage 1990

© ECON Taschenbuch Verlag GmbH, Düsseldorf
November 1986 – überarbeitete Neuausgabe Mai 1989
Umschlaggestaltung: Ludwig Kaiser
Die Ratschläge in diesem Buch sind von Autor und Verlag sorgfältig erwogen und
geprüft; dennoch kann eine Garantie nicht übernommen werden. Eine Haftung des
Autors bzw. des Verlags und seiner Beauftragten für Personen-, Sach- und
Vermögensschäden ist ausgeschlossen.
Satz: Computersatz Bonn GmbH, Bonn
Druck und Bindearbeiten: Ebner Ulm
Printed in Germany
ISBN 3-612-21074-2

Inhalt

Einleitung

Dieses Buch ist für Sie bestimmt!

- Sie sind Sachbearbeiter in einem Großbetrieb und suchen nach neuen Methoden, Ihre Mitteilungen, Berichte und Protokolle müheloser und rationeller abzufassen.
- Als Manager eines dynamischen Unternehmens müssen Sie sich einen zeitgemäßen Mitteilungsstil aneignen, der den Bedürfnissen der heutigen Wirtschaft entspricht.
- Sie sind Sekretärin eines qualifizierten Chefs und schreiben Aktennotizen, Berichte und Sitzungsprotokolle für anspruchsvolle Vorgesetzte und Mitarbeiter.
- Als bestausgewiesener Akademiker sind Sie fachlich erfahren, möchten jedoch wissen, welche Mittel und Möglichkeiten es gibt, um Anweisungen, Anleitungen und Berichte einfacher und verständlicher abzufassen.
- Sie sind als Techniker tätig und müssen im Büro oft Aktennotizen, Berichte und Protokolle zur Reinschrift im Sekretariat vorbereiten.
- Sie werden in wichtigen Konferenzen häufig als Schriftführer herangezogen und fühlen sich noch etwas unsicher.
- Als Vorsitzender einer Kommission möchten Sie erfahren, wie Berichte und Protokolle heute verfaßt und zweckmäßig dargestellt werden können.

- Als Vorstandsmitglied einer Organisation sind Sie zwar bisher nie mit der Protokollführung betraut worden, doch denken Sie bereits darüber nach, daß diese Aufgabe eines Tages zu Ihrer Pflicht werden könnte ... Deshalb möchten Sie sich bereits heute mit diesem Thema auseinandersetzen. Und da haben Sie ganz recht! Herzliche Gratulation zu dieser positiven Einstellung.

Dieses Buch wird Ihnen helfen
- Aktennotizen kurz und klar abzufassen
- Gesprächsnotizen rationell darzustellen
- Berichte informativ und lesergerecht aufzubauen
- Mitteilungen knapp und treffend festzuhalten
- Protokolle zweckmäßig zu formulieren
- Sprache als Kommunikationsmittel richtig einzusetzen

Die Schwierigkeit, einfach, klar und verständlich zu schreiben

Zu viele Sachbearbeiter und Sekretärinnen erreichen mit Berichten und Protokollen ihre Ziele nicht. Die Texte versinken in der unübersehbaren Informationsflut und werden kaum beachtet. Da glaubt ein Verfasser bald mit Recht, seine Arbeit werde nicht gewürdigt.

Wo liegen die Gründe für diesen Mißerfolg?
- Schlechte Textgestaltung
- Unklare Berichterstattung
- Schlechte Ausdrucksweise
- Umständliche Formulierung
- Übertriebene Ausführlichkeit
- Veraltete Wendungen
- Sprachliche Unbeholfenheit
- Fehlende Systematik
- Mangelhafte Identifikation
- Ungenügende Motivation
- Mangelnde Anerkennung

10

Aktennotizen, Berichte und Protokolle verfolgen nie einen Selbstzweck. Vielmehr sind sie wichtige Arbeits- und Führungsmittel sowie Entscheidungsgrundlagen.
Mit einfachem, klarem Stil erreichen wir unsere Leser leichter.

Wege zum Ziel

> »Es werden mehr Menschen durch Übung tüchtig als durch Naturanlage.«
>
> Demokrit

Da Sie dieses Buch ausgewählt haben, möchten Sie ein bestimmtes Ziel erreichen. Sie hätten sich ja dafür einige Tassen feinen Kaffees leisten können! Jetzt aber haben Sie sich entschlossen, das vorliegende Buch zu studieren, um Ihre »Pflichtnotizen« schon morgen müheloser und wirksamer abzufassen. Ist dies nicht bereits ein wichtiger Schritt zu einem angenehmeren Arbeitsleben?

Dieses Buch bringt Ihnen aber keine Patentschreibrezepte oder überall anwendbare Erfolgsmethoden. Diese Erwartung muß ich Ihnen gleich nehmen. Vergleichen Sie diese Anleitung eher mit einer Wanderkarte: Es führen verschiedene Routen zum Ziel. Zwar werden Ihnen erprobte Möglichkeiten nahegelegt, den Weg jedoch müssen Sie selber gehen. Und dabei wird jeder Wanderer nach seinen eigenen Vorstellungen verfahren. Der trainierte schlägt ein forsches Marschtempo an und wählt den anspruchsvolleren Pfad. Der Gelegenheitswanderer entschließt sich für die einfachere, bequemere Route. Doch er wird dabei wesentlich mehr Zeit investieren müssen bis zum Ziel.

Welchen Weg Sie wählen sollen, ist schwer zu sagen. Wichtig dabei ist aber, daß Sie Ihre Fähigkeiten nicht überschätzen. Beginnen Sie langsam, und laufen Sie sich warm. Steigern Sie das Lerntempo erst, wenn Sie festen Boden unter Ihren Füßen haben, sich also sicher fühlen. Lernen heißt ja immer und überall sein Verhalten ändern. So kann sich der Erfolg niemals beim ersten Lesedurchgang einstellen. Arbeiten Sie dieses Buch sorgfältig Zug um Zug durch. So werden Sie auch den größten Nutzen daraus ziehen.

Am besten gehen Sie in 3 Lernschritten vor:

Schritt 1: Lesen Sie langsam und gründlich.

Lesen Sie immer mit dem Bleistift in der Hand, und markieren Sie wichtige Textstellen (unterstreichen oder am Rand kennzeichnen).

Halten Sie nach einem Abschnitt kurz inne, und überlegen Sie genau, was Sie soeben gelesen haben. – Überlegen macht überlegen!

Am Schluß eines Kapitels legen Sie das Buch weg, nehmen ein Blatt Papier und formulieren kurz und bündig eine Zusammenfassung.

Prüfen Sie jetzt, ob Ihr Text inhaltlich ungefähr mit dem Original übereinstimmt.

Schritt 2: Lösen Sie die Übung, und beantworten Sie die Kontrollfragen schriftlich – stets nach dem Grundsatz »In der Kürze liegt die Würze«.

Schritt 3: Schreiben wird Ihnen bald Spaß bereiten; denn schreiben lernt man nur, indem man schreibt und schreibt. Dann werden Sie auch die Aufgaben mit Gewinn lösen. Legen Sie nun Ihre selbstverfaßten Texte jemandem vor. Hier erfolgt eine erste Beurteilung durch den Leser. Er wird Ihre Texte werten und Ihnen sagen, ob Sie klar und verständlich geschrieben haben und wo noch Unzulänglichkeiten liegen.

Wirksam schreiben setzt immer klares und positives Denken voraus.

13

Setzen Sie eigene Schwerpunkte

Thematische Schwerpunkte sind in diesem Buch Grundpfeiler, auf die Sie in Notlagen bauen können. Wenn Ihnen diese Anleitung kurzfristig Gewinn bringen soll, werden Sie jetzt bereits feststellen, in welchen Belangen Sie vordringlich Hilfe benötigen.

Gehen Sie daher das Inhaltsverzeichnis nochmals aufmerksam durch, und bezeichnen Sie – am besten mit einem Textmarker Ihrer Lieblingsfarbe – die für Sie wichtigsten Kapitel.

Notieren Sie jetzt Ihre *Probleme und Schwierigkeiten,* die Ihnen das zuverlässige Verfassen von Berichten und Protokollen immer wieder erschweren.

1. . . . .
. . . .

2. . . . .
. . . .

3. . . . .
. . . .

Darauf also sollten Sie Ihr Augenmerk richten, wenn Sie die einzelnen Abschnitte durcharbeiten!

> *Nur durch Geduld und Arbeit sind die Meisterwerke der Genies vollendet worden.*
>
> *Samuel Smiles*

Das Wichtigste in Kürze
1. Wenn Sie irgendein Ziel anstreben, werden Sie es garantiert auch erreichen. Dazu müssen Sie aber Ihren Wunsch konzentrieren und intensiv verstärken. Sie haben jetzt den festen Wunsch, bessere Berichte und Protokolle verfassen zu lernen. Sind Sie auch entschlossen, mit der Arbeit zu beginnen? Umsonst gibt es in dieser Welt fast gar nichts mehr.
2. Nun sind Sie bereits auf dem Weg zum Ziel. Haben Sie das für Sie zweckmäßige Vorgehen gewählt?
   Nicht vergessen: Lernen heißt, sein Verhalten ändern!
3. Lesen Sie langsam, konzentriert und denkend.
   Unterstreichen Sie wichtige Textstellen, oder kennzeichnen Sie sie am Rand.
   Auch mit sogenannten Textmarkern (Fluoreszenzstiften) läßt sich rationell arbeiten. In diesem Fall überstreichen Sie die Schlüsselwörter einer Aussage mit Farbe. Visualisierte Texte prägt man sich nachhaltiger ein. Wer einen Text so bearbeitet, hat seine Lernarbeit bereits halbwegs bewältigt.

Achten Sie auf den Stil Ihrer Aussagen!

Stil bedeutet nach Duden Darstellungsweise oder Schreibart. Der Schreibstil ist demnach die formelle Eigenschaft, durch die ein Text wirkt. Er ist die *Ausdrucksform* eines Verfassers und bildet, zusammen mit der gewählten Darstellungs- und Schriftart und dem Textträger (meist Papier), das Äußere einer Information, das Textkleid.

»Kleider machen Leute« ist zwar nach wie vor eine gültige Feststellung; doch sollten Sie ein Schriftstück nicht nur nach seinem Stil beurteilen. Wichtiger ist, *was* ein Verfasser uns mit-teilt (welche Information er mit uns teilen will).

Immerhin hat die Ausdrucksform für jeden Leser einen gewissen Stellenwert: Manch wertvoller Gedanke geht unter, weil er unglücklich formuliert ist. Ein beachtenswerter Bericht kann in der täglichen Papierflut verschwinden, wenn er unübersichtlich gestaltet und umständlich und fehlerhaft abgefaßt ist.

Wer seine Gedanken schriftlich festhält, muß die Mitteilung richtig strukturieren und sprachlich sauber verdichten. Dann erst wird sie selbst in der Hektik des modernen Geschäftsalltags Beachtung finden und den Leser positiv beeindrucken.

Aktennotizen, Berichte und Protokolle sind im heutigen Geschäftsleben wichtige Informationsquellen und verlangen im beschleunigten Arbeitsablauf des Großbetriebs eine zweckmäßige und sorgfältige Ausdrucksform.

Jedes Schriftstück sei zunächst *inhaltlich vollständig und rechtlich unanfechtbar*. Die beste Ausdrucksform nützt wenig, wenn die Information unvollständig ist!

Darauf kommt es uns jetzt an

1. Klarheit im Ausdruck

Dies ist wohl die wichtigste Anforderung, die wir an einen Text stellen müssen. Denken Sie beim Schreiben immer an den/die Leser: Erfaßt/erfassen sie die Mitteilung auf Anhieb? Könnten etwa Mißverständnisse entstehen? Stimmt der Textaufbau?
Zur Klarheit gehören aber auch flüssige Lesbarkeit, Kürze und Anschaulichkeit. Texte mit langen, umständlichen Sätzen (Schachtelsätzen usw.) und überflüssigen Fremdwörtern lassen sich nur schwer lesen und sind auf den ersten Blick unklar.

> Anschaulich schreibt, wer sich natürlich, einfach und lebendig ausdrückt.

Der umständliche und vertrackte Papierstil wirkt auf jeden Leser eiskalt, starr und steinern.

2. Sprachrichtigkeit

Wer sich fehlerhaft ausdrückt, schreibt in einem schlechten Stil. *Rechtschreibung, Zeichensetzung, Formen- und Satzbau müssen stimmen.*

18

Manche Geschäftstextverfasser mißachten zwar die betreffenden Regeln bewußt, weil sie deren Wert nicht einsehen. Die eigentliche Information scheint ihnen wichtiger zu sein. Doch gehören eben *alle* Sprachregeln zur Ausdrucksform, die für den Leser als Einheit erscheint und sich bewußt und unbewußt in irgendeiner Weise niederschlägt.

Die Feststellung *»Vom Eindruck zum Ausdruck«* und umgekehrt ist wohl schlüssig. Achten Sie daher immer und überall auch auf die Sprachrichtigkeit.

> Sprachlich richtig schreibt, wer die Regeln der Grammatik beachtet und sich daran hält.

Ist guter Stil überhaupt lernbar?

Gewiß können Sie sich den klaren, kurzen, überzeugenden Stil aneignen – auch dann, wenn Sie vorerst noch glauben, kein Sprachgenie zu sein. Nur müssen Sie nach Aussage des Psychologen William James zwei Voraussetzungen erfüllen: Sie sollten ausreichend *motiviert* sein dafür und den gewünschten Erfolg jederzeit und unermüdlich anstreben. Dazu gehören ständige *Selbsterziehung* und *Selbstkontrolle* über Monate und Jahre.

Das Wichtigste in Kürze

1. Stil ist die formelle Eigenschaft, durch die ein Text wirkt (Ausdrucksform). Stil, Darstellungs- und Schriftart sowie Textträger (Papierart) bilden das Textkleid.

2. Der moderne Mitteilungsstil verlangt inhaltliche Vollständigkeit und Richtigkeit, Klarheit, Kürze und sprachliche Qualität.

3. Jeder Geschäftstext sei so kurz wie möglich, aber so ausführlich wie nötig.

4. Guter Stil ist lernbar – auch für Sie. Voraussetzungen dazu sind starke Selbstmotivation, Selbsterziehung und ständige Selbstkontrolle.

Schreiben Sie ...
kurz und klar verbreitete Stilverstöße in Berichten und Protokollen auf:
1. . . . .
2. . . . .
3. . . . .

Kontrollfragen
(Die Antworten finden Sie auf Seite 133)

1. Welche Eigenschaften hat der gute Mitteilungsstil im modernen Unternehmen?
2. Gründe für schlechte Berichte und Protokolle in der Praxis?
3. Was heißt *Stil?*

Aufgabe:
- Suchen Sie in »Ihrer« Tageszeitung einen guten Kurzbericht, der Sie in jeder Hinsicht überzeugt und anspricht.
- Begründen Sie Ihre Argumentation schriftlich in Stichworten.

Bau-Steine ...

1. Viele Menschen sind einsam, weil sie Dämme statt Brücken bauen.
2. Das Wesentliche der menschlichen Natur liegt im Denken.
3. Alles ist Ursache und Wirkung.
4. Glück ist der Bodensatz guter Planung.
5. Nur wer ein Ziel hat, kommt an.
6. Eine kristallklare geistige Vorstellung des Weges ist der erste Schritt zum Ziel.
7. Zurückhaltung ist ein sicherer Beweis von Klugheit.
8. Wer stets positiv denkt, dem kommen alle Kräfte des Universums zu Hilfe.
9. Manches wird durch den Intellekt zerredet.
10. Unser Unterbewußtsein ist wie ein Garten – wir sind die Gärtner.
11. Unser tägliches Leben ist voll von Suggestionen, denen wir uns entziehen müssen.
12. Jeder Mensch ist eine Sonne von Energie.
13. Bewußter leben verstärkt unsere Erlebnisfähigkeit und steigert die innere Lebensqualität.
14. Du kannst alles erreichen, wofür du dich begeisterst.

Wichtig
ist nicht nur
daß ein Mensch
das Richtige
denkt

sondern auch
daß der
der das Richtige
denkt
ein Mensch ist
Erich Fried

Zusammenfassungen als Grundlage

Wo Menschen zusammenkommen, wird diskutiert, argumentiert, verhandelt, berichtet und zusammengefaßt. Im Büro, der Drehscheibe von Information und Kommunikation, wird konzipiert, notiert, protokolliert, kontrolliert und signiert. Im mündlichen und schriftlichen Ausdruck bemühen wir uns stets darum, *Gedanken zusammenzufassen und leserfreundlich darzustellen.*

Zusammenfassungen bereiten jedoch oft Schwierigkeiten, wenn der berühmte »rote Faden« verlorengeht oder Wesentliches nicht rasch genug aufgenommen werden kann. Hier gilt – wie überall in unserem Leben – das berühmte Spiel von *Ursache und Wirkung.*

Als *Ursachen* schlechter Zusammenfassungen erkennen wir beispielsweise: Konzentrationsschwäche, mangelhafte Sach- und Sprachkenntnisse, ungenügende geistige Beweglichkeit oder fehlende Selbstmotivation. Dabei sollten wir uns bewußt werden, wie wichtig *schriftliches und mündliches Formulieren im Alltag* überhaupt sind. Wer treffend formulieren kann, wird bei Lesern und Zuhörern ankommen; sie werden seine Informationen aufmerksam entgegennehmen – und verstehen. Schreiben und reden wir deshalb EIKLAN (= Merkwort): e͟infach, k͟lar, a͟nschaulich.

Grundsatz: So wenig wie möglich, so viel wie nötig!

23

Entwickeln Sie Ihre eigene Arbeitsmethodik!

Was man schreibt, das bleibt! Wer gute Zusammenfassungen formulieren lernt, sollte daher *3 Schwerpunkte* berücksichtigen:

1. *Inhalt*
   - vollständig
   - ausgewogen
   - rechtlich unanfechtbar

2. *Sprache*
   - richtig
   - verständlich
   - klar

3. *Darstellung*
   - zweckmäßig
   - übersichtlich
   - leserfreundlich

Der Umfang der Textteile *Einleitung, Kern und Schluß* muß in der Zusammenfassung nicht genau dem Originaltext entsprechen. Vielmehr ist die richtige und sinnvolle Proportionierung der einzelnen Textbausteine davon abhängig, wer was wie erfahren soll. So müssen wir beispielsweise einen Text mit der Gewichtung 30 % : 35 % : 35 % nach sorgfältiger Beurteilung in 10 % : 60 % : 30 % aufteilen. Die Informationsschwerpunkte eines Textes werden Sie aber erst erkennen, wenn Sie die *Absicht* eines Verfassers kennen und wissen, welche *Zielgruppe* er erreichen will.

Das richtige Vorgehen führt zum Ziel

Zusammenfassen bedeutet ja *protokollieren:*
Sie merken sich das Wesentliche einer Aussage und halten dies für einen oder mehrere Leser fest. Dabei können Sie Ihren Text in *Stichworten* oder *vollständigen Sätzen* formulieren. Gehen Sie in kleinen Schritten vor:

Checkliste (Kontrolliste)
- Text sorgfältig durchlesen und Fragen dazu stellen.
- Abklären, ob Textinhalt und -aufbau verständlich sind.
- Text erneut lesen und wichtige Stellen sowie Schlüsselwörter mit einem Textmarker hervorheben.
- Kernaussagen stichwortartig oder in eigenen kurzen Sätzen festhalten (großzügige Schreibraumaufteilung!).
- Textinhalt prüfen und mit Originaltext vergleichen.
- Notwendige Verbindungstexte einfügen (nahtlosen Übergang schaffen).
- Kurze und treffende Überschrift setzen (nötigenfalls Originaltitel übernehmen).
- Schlußkontrolle durchführen:
  - Textkürze und -lesbarkeit beurteilen
  - Klarheit und Vollständigkeit prüfen
- Zwischen den einzelnen Arbeitsschritten immer wieder neu formulieren, straffen und optimieren.

Eine Zusammenfassung darf den Sachverhalt niemals verändern oder entstellen!

Das Wichtigste in Kürze
1. Mündliche und schriftliche Zusammenfassungen gehören zum modernen, schnellebigen Berufsalltag.
2. Ursachen schlechter Zusammenfassungen in der Praxis sind Konzentrationsschwäche, ungenügende Sach- und Sprachkenntnisse, mangelnde Erfahrung, fehlende geistige Flexibilität und Motivationslosigkeit.
3. Entwickeln Sie Ihre persönliche Arbeitstechnik je nach Stand Ihrer schreibtechnischen Fertigkeiten.
4. Schreiben Sie Ihre Zusammenfassungen in Stichworten oder einfachen Sätzen.

Sonderhinweise:
- Teilen Sie den Schreibraum großzügig ein.
- Strukturieren Sie Ihre Texte!

Straffen Sie . . .
den folgenden Text aus der Tagespresse vom 14. 04. 86 so, daß die einzelnen Schritte zu einer leicht lesbaren Zusammenfassung führen:

ORIGINALTEXT

»Schon wieder — bereits zum 7. Mal — großes Glück gehabt
Am letzten Samstag, dem 12. April, überlebte der philippinische General José Magno ohne jede Verletzung zum siebten Mal einen sehr schrecklichen Flugzeugabsturz. Der General, welcher die Truppen auf der südphilippinischen Insel Mindanao unter seinem Befehl hat, befand sich in einem amerikanischen Sikorsky-Hubschrauber, welcher anläßlich der verhängnisvollen Landung ganz in der Nähe der Ortschaft Claveria plötzlich einen Baum streifte und rasch abstürzte. Nach letzten diesbezüglichen Infor-

26

mationen der Presseagentur PNA konnten alle neun Passagiere wie durch ein Wunder das verhängnisvolle Unglück unversehrt überstehen. Magno, der bis zu diesem Tag bereits sechs schlimme Flugzeugabstürze hinter sich gebracht hatte, befand sich in Begleitung von sechs hohen Offizieren und zwei ausländischen Journalisten in dem Gebiet, in dem die kommunistische Guerilla durch besondere Aktivität Aufsehen erregt.«

▷ Sind Sie einverstanden mit den unterstrichenen Stellen?
▷ Formulieren Sie jetzt aus diesen markierten Anhaltspunkten *4 einfache, klare Sätze.*
▷ Vergleichen Sie Ihre Lösung mit dem folgenden Text.
  Achten Sie dabei vorab auf *überflüssige Aussagen und »leere« Wörter ohne Informationsgehalt,* auf die wir in aussagekräftigen Texten verzichten:

»Zum 7. Mal Glück gehabt«
Seinen siebten Flugzeugabsturz hat kürzlich der philippinische General José Magno unverletzt überlebt. Der General, der die Truppen auf der südphilippinischen Insel Mindanao befehligt, befand sich in einem amerikanischen Sikorsky-Hubschrauber, der bei der Landung bei Claveria einen Baum streifte und abstürzte. Nach Angaben der Presseagentur PNA überlebten alle neun Insassen den Unfall unversehrt.
Magno, der bereits sechs Flugzeugabstürze hinter sich hatte, war in Begleitung von sechs Offizieren und zwei Journalisten in einem Gebiet, wo die kommunistische Guerilla besonders aktiv ist.«

▷ Entdecken Sie in diesem Lösungsvorschlag noch überflüssige Wörter, die Sie ohne Informationsverlust weglassen könnten?
▷ Was unterscheidet die beiden Überschriften voneinander?

Kontrollfragen
(Die Antworten finden Sie auf Seite 133)

1. Was bedeutet die Kurzformel EIKLAN?
2. Welche 3 Beurteilungskriterien unterscheiden Sie bei einer Zusammenfassung?
3. Sind die 3 Teile Einleitung, Kern und Schluß einer Zusammenfassung immer gleichgewichtig?

Aufgabe:
- Wählen Sie in der Tagespresse einen Kurzbericht aus, den Sie dann schriftlich zusammenfassen.
- Gehen Sie dabei sorgfältig nach unserer Checkliste vor.
- Gewöhnen Sie sich daran,
  1. die aufgewendete Zeit festzuhalten,
  2. mit dem Rechtschreib-Duden und einem Handbuch sinnverwandter Wörter zu arbeiten,
  3. Ihre Texte laut vorzulesen.
- Übung macht den Meister!
  Es geht immer schneidiger voran.

Üben Sie fleißig weiter!

Wenn Sie den Inhalt von Sachtexten zusammenfassen, können Ihnen folgende Überlegungen helfen:

1. Hauptaussage(n) erkennen
Versuchen Sie immer zuerst, die Hauptaussage(n) in wenigen Sätzen zu formulieren.
Dies ist die Grundlage (Textgerüst) jeder Zusammenfassung.

2. Zusammenhänge erfassen
Wenn Sie den Originaltext verstehen, wird es Ihnen leicht fallen, die Kerngedanken zu einem logisch aufgebauten Kurztext zusammenzustellen.

28

3. Notwendige Ergänzungen
Oft drängen sich Ergänzungen auf, wenn Sie die Hauptaussagen
verstärken wollen.
Schweifen Sie aber nie vom Originaltext ab.

4. Quellenangaben
Der Überschrift einer Zusammenfassung fügen Sie der Reihe
nach an: Bezeichnung Zusammenfassung, Autor, genauer Quel-
lenhinweis.

Beispiel: »Weniger ist mehr – die Überarbeitung«
Zusammenfassung eines Aufsatzes von Gabriele
L. Rico aus »Garantiert schreiben lernen«, Rowohlt
Verlag, 1984, S. 250–276.

Auftrag:
- Erproben Sie nun dieses Vorgehen an den folgenden Sachtexten.
- Fassen Sie die Originaltexte auf ungefähr ein Drittel zusammen!

Fassen Sie zusammen!

① »Von der Aufgabengliederung«
Aus: »Organisationsbrevier«, Schriftenreihe des Instituts für Betriebswirtschaft an der Hochschule St. Gallen, Verlag Paul Haupt, Bern 1974.
Wenn mehrere Menschen gemeinsam an der Erfüllung einer Aufgabe arbeiten, dann entsteht das Bedürfnis nach einer Ordnung. Die wichtigsten Elemente dieser Ordnung und damit der Organisation sind:
– die arbeitenden Menschen
– ihre Hilfsmittel (Anlagen, Maschinen, Werkzeuge usw.)
– die gemeinsam zu lösende Aufgabe
Die Gesamtaufgabe einer Unternehmung kann nur gelöst werden, wenn sie in einzelne Teilaufgaben zerlegt und auf die Mitarbeiter aufgeteilt wird. Diesen Vorgang bezeichnet man als Aufgabengliederung. Die Aufgabengliederung wird so weit geführt, bis jeder einzelne Mitarbeiter eine bestimmte Einzelaufgabe zugewiesen erhalten hat, die sein Arbeitspensum darstellt. Aufgabengliederung ist daher gleichbedeutend mit Arbeitsteilung. Je größer eine Organisation, um so kleiner ist die Einzelaufgabe jedes Mitarbeiters im Verhältnis zur Gesamtaufgabe der Unternehmung, um so wichtiger aber ist es, daß der Zusammenhang zwischen beiden nicht verlorengeht. Je klarer die Aufgabengliede-

rung, um so besser ist für den einzelnen dieser Zusammenhang erkennbar, um so größer sein Verständnis für die Maßnahmen der Leitung.

Kernaussagen in Stichworten oder Sätzen:

. . . .

. . . .

. . . .

Kurzfassung:

. . . .

. . . .

. . . .

. . . .

. . . .

. . . .

Wer stenografiert, ist im Vorteil
- Kurzschrift spart Schreibzeit
- Kurzschrift benötigt wenig Schreibraum
- Kurzschrift ist vielseitig verwendbar
- Kurzschrift bringt Komfort

---

② »Redekunst als Führungsmittel«

Aus dem Notizblock eines Berichterstatters.

Wie oft haben wir ihn miterlebt: den qualifizierten Chef, aber introvertierten Spezialisten. Der uns von seiner Persönlichkeit, seinem Wissen und Können so viel zu geben hätte, aber sich bereits nach der Einleitung in Einzelheiten und Grenzgebiete hoffnungslos versteigt. Wie lassen sich derartige Abschweifungen und Pannen vermeiden? – Grundsätzlich ist festzuhalten, daß die Redekunst als Führungsmittel, die Technik, mit knappen Worten viel zu sagen, die Zuhörer zu gewinnen, durchaus erlernbar ist. Sodann gilt es, die nachstehenden Arten der Rede und ihre rhetorischen Mittel zu beherrschen: Der Sachvortrag wendet sich an den Verstand. Er informiert und vermittelt Wissen. Der Gelegen-

31

heitsvortrag, z. B. bei Betriebsanlässen, spricht Gefühle, Herz und Gemüt an. Die Überzeugungsrede: Sie will verändern, spricht über das Gefühl den Willen zur Tat an. – Eine seriöse Vorbereitung, unerläßlich für den Erfolg, beinhaltet folgende Schritte: Eine umfangreiche Stoffsammlung, wesentlich umfassender als die eigentliche Rede, beispielsweise auf einseitig beschriebenen A6-Karten mit jeweils einem Stichwort. Kennzeichnung der überzeugendsten Gesichtspunkte. Auf den Notizzetteln links neben dem vollständigen Text Stichwörter als Anhaltspunkte für die freie Rede anlegen. Wichtige Gedanken markieren. Oft empfehlen sich auch Tonbandproben. Und natürlich muß die Einleitung schlagend wirken. Erfolgreiche Redner arbeiten den Anfang häufig wörtlich aus. Und sie ergänzen ihn durch Zitate oder Trichterfragen. Beim Sachvortrag hilft die Vorschau auf den Inhalt und dessen Bedeutung. Von Bedeutung ist der eigentliche Gehalt der Rede. Aber noch viel wichtiger ist der Schluß: die kurze, einprägsame Zusammenfassung der Kerngedanken, bei der Überzeugungsrede der Aufruf zum Handeln. Die Beachtung dieser Regeln, gefördert durch einfache, einprägsame Wörter, kurze Sätze, Wechsel in der Modulation, Verwendung von Beispielen, Bildern, Zitaten, Steigerung bei wichtigen Aussagen und gegen den Schluß hin garantieren Ihnen den Erfolg.

Kernaussagen in Stichworten oder Sätzen:

. . . .
. . . .
. . . .

Kurzfassung:

. . . .
. . . .
. . . .
. . . .

Erweitern Sie jetzt Ihre Kurzfassung auf höchstens 15 Schreibmaschinenzeilen!

32

Kleine Stilübung

Hier: Der Hauptwortstil (Substantivitis)

Vermeiden Sie den nominalen Stil. Er wirkt schwerfällig und unklar. Bevorzugen Sie dafür den *verbalen Stil*. Erst das Verb läßt den Satz »atmen«. Eigentlich sollten wir das Verb als Hauptwort bezeichnen. So kämen wir der Wahrheit näher.

Nominaler Stil	Verbaler Stil
• Wir werden in der Lage sein, auf seine Mitarbeit zu verzichten.	Wir werden auf seine Mitarbeit verzichten können.
• Die Veröffentlichung der Namen wird ohne Angabe des Berufs erfolgen.	Wir werden die Namen ohne Berufsangabe veröffentlichen.

Schreiben Sie wenn immer möglich im verbalen Stil!

1. *Original:*
   Unser Unternehmen sollte in verstärktem Maße Grundstückskäufe tätigen.
   Besser:

   . . . .

2. *Original:*
Die Firma Hauser AG wird in dieser Angelegenheit bis Ende dieses Jahres noch einen entsprechenden Antrag stellen.
Besser:
. . . .

3. *Original:*
Die Kommission stellt das Ersuchen, entsprechende Neuanpassungen vorzunehmen, um so die Auslastung des Sekretariats mit Sicherheit zu gewährleisten.
Besser:
. . . .

4. *Original:*
In Zusammenarbeit mit einem Unternehmensberater wurde in der Firma Hans Zünd GmbH & Co. KG der Versuch unternommen, eine Schriftgutanalyse zur Durchführung zu bringen.
Besser:
. . . .
. . . .

Aktennotizen — kurz und klar

Die Idee vom papierlosen Büro entfernt sich immer mehr von der Gegenwart, weil verläßliche Gedankenstützen als Grundlage für die Entscheidungstechnik in der Geschäftswelt immer wichtiger werden. Heute ist Informiertsein alles — ein wichtiges Kapital in der modernen Gesellschaft! In diesem Zusammenhang spielen ja auch leistungsfähige Kopiergeräte mehr und mehr eine Rolle.
Die Papierstapel auf den Schreibtischen der Manager wachsen. Und gerade hier liegt eine wesentliche Aufgabe jedes Verfassers: Die schriftliche Information muß sich *auf das Wesentliche konzentrieren, sprachlich und sachlich einwandfrei formuliert* sein und jeden Leser *optimal unterrichten.*
Aktennotizen sind schriftlich kurz zusammengefaßte Überlegungen sowie Diskussions-, Gesprächs- und Verhandlungsinhalte. Diese Aufzeichnungen enthalten wichtige Gesprächspunkte und Erkenntnisse zu einem Geschäftsvorgang und schließen in einem Geschäftsablauf Informationslücken.

> Treffend formulierte Aktennotizen bilden die Basis für den weiteren Geschäftsablauf.

10 Hinweise — wenn Sie Aktennotizen verfassen
1. Setzen Sie über jede Aktennotiz eine markante Überschrift.
2. Halten Sie alle Gedanken klar und leicht lesbar fest.

3. Schreiben Sie mit der Maschine, in deutlicher Hand- oder Kurzschrift.
4. Strukturieren Sie Ihre Texte.
5. Wenn Sie den Text logisch gliedern, werden die Kerngedanken rascher sichtbar.
6. Veranschaulichen Sie Ihre Notizen durch Übersichten, Grafiken oder Bilder.
7. Verschiedene Schriftgrößen, Darstellungstechniken und Farben erleichtern dem Leser die Informationsaufnahme.
8. Fachausdrücke, Fremdwörter und schwer lesbare Namen setzen Sie am besten in Blockschrift.
9. Wählen Sie kurze Schreibzeilen, einen breiten rechten Rand und weite Zeilenschaltung.
10. Gehen Sie mit der Zeit Ihrer Leser sparsam um!

Aufbau einer Aktennotiz
- *Reihenfolge* festlegen:
  Wer?
    Was?
      Mit wem?
        Wann?
          Wo?
            Weshalb?
- *Vereinbarungen* zusammenfassen
- *Folgerungen* festhalten
- *Empfänger* bestimmen: »z. Hd.« (zu Händen), »z. K.« (zur Kenntnisnahme)
- *Ort, Tag, Zeit und Unterschrift(en)* beifügen

Sonderhinweise:
- Aktennotizen müssen kurz, sachlich, richtig und klar sein.
- Halten Sie auch das Gesprächsergebnis fest.
- Sie können Ihre Aufzeichnungen auch stichwortartig formulieren.

Muster einer Aktennotiz

Institut für   Osnabrück, 10. 07. 19..
Erwachsenenbildung   mwe/st
IFE

Aktennotiz
Kurs zur Persönlichkeitsentfaltung − K 3.27.5

Anwesend	Herr Peter Kruse, Kursleiter
	Herr Max Weber, IFE
	Frl. Barbara Stünzi, IFE
Besprechung	Am 09. 07. 19.. fand eine Planungssitzung statt, in der wir unseren Kurs K 3.27.5 vorbereiteten. Herr Kruse legte sein Konzept vor, das wir in allen Teilen gutheißen konnten.
Vereinbarung	1. Kursziel

1. Kursziel
   Der Kursteilnehmer lernt in diesem Kurs, seine Persönlichkeit gezielt einzusetzen.
2. Kursinhalt
   − Zielsetzungen formulieren
   − Hemmungen und ihre Ursachen erkennen
   − Leistungshemmnisse abbauen
   − Wirkungsmittel einsetzen
   − Ziele erreichen
   − Strategien entwickeln
   − Selbstvertrauen steigern
3. Kurstage
   22. 10. und 29. 10. 19..
   05. 11. und 12. 11. 19..

Für die Richtigkeit

Peter Kruse   *P. Kruse*
Kursleiter

Verteiler:
− Herrn P. Kruse
− Geschäftsleitung IFE

Max Weber   *M. Weber*
Ausbildungsleiter

37

Muster einer Aktennotiz

Krankenhaus
Gelsenkirchen   24. 12. 19.. – H/mey

AN   Herrn Prof. Dr. G. Marty
            Herrn W. Kenner

VON   H. Heinimann

BETRIFFT Besprechung vom 21. 12. . .
            Sicherheit Säuglinge

Die Säuglingsentführungen von Göttingen und Stuttgart erfor-
dern bei uns verschiedene <u>Sicherheitsmaßnahmen:</u>
1. Schließung Säuglingszimmer/Milchküche
    1.1 <u>Sofortmaßnahmen</u>
        Unser Betriebsdienst liefert <u>70 Schlüssel</u> an Prof. Dr.
        G. Marty.
        <u>Prof. Dr. Marty</u> veranlaßt, daß die Türen Säuglingszim-
        mer/Milchküche <u>immer geschlossen</u> sind und organisiert
        die Abgabe und den Einzug der Schlüssel an Wöchnerin-
        nen und Pflegepersonal.
    1.2 <u>Kurzfristige Lösung (bis Ende Februar 19..)</u>
        <u>W. Kenner</u> beschafft Unterlagen über ein elektronisches
        Sicherheits-Schließsystem. <u>Prof. Dr. Marty</u> und <u>H. Heini-
        mann</u> werden die neuen Maßnahmen besprechen.
2. <u>Säuglinge im Zimmer der Mutter</u>
    Die <u>Wöchnerinnen</u> müssen sich der Gefahren bewußt sein,
    wenn sie ihr Zimmer verlassen.
    <u>Prof. Dr. Marty</u> wird entsprechende schriftliche Weisungen
    ausarbeiten, die jede Wöchnerin unterschreiben muß.

Verwaltungsleitung

H. Heinimann

38

Musterformular für Aktennotizen

Abt.	Leitung
	A K T E N N O T I Z
Tag / Zeit	
Thema	
Verhandelt mit	
Inhalt	
Erledigt	
Datum	
Aufnahme	
Verteiler	Anlagen

Das Wichtigste in Kürze

1. Aktennotizen sind Gedächtnisstützen und informieren kurz über Besprechungen, Diskussionen und Verhandlungen. Sie sind die Basis für die Beeinflussung des weiteren Geschäftsablaufs.
2. Aktennotizen sind übersichtliche, klar strukturierte Zusammenfassungen.
3. Texte sind leichter lesbar, wenn sie aus nur wenigen kurzen Zeilen bestehen und in einer angenehm lesbaren Schrift verfaßt sind.
4. Aktennotizen sollen sachlich, richtig, knapp und verständlich abgefaßt werden.
5. Wer Kurzzusammenfassungen und Aktennotizen schreibt, trainiert sein Gedächtnis, schult sein Denkvermögen und erweitert seine Sprachkenntnisse.
6. Vergessen Sie nie die treffende(-n) Überschrift(-en).

Zweckmäßige Formulare verhelfen zu guten Aktennotizen!

Fassen Sie jetzt Ihr nächstes Telefongespräch in einer Aktennotiz zusammen, und verwenden Sie das Formular auf Seite 39

Verfassen Sie jetzt eine Aktennotiz ...

indem Sie ein Gespräch führen, in Stichworten das Wesentliche daraus aufschreiben und dann die Zusammenfassung in Reinschrift — richtig strukturiert — hier festhalten:

. . . .
. . . .
. . . .
. . . .
. . . .
. . . .
. . . .
. . . .

▷ Ein Leser soll jetzt bestimmen, ob dieser Text sein Ziel erreicht hat.
▷ Das nächste Mal wird es schon leichter gehen!
▷ Ich wünsche Ihnen weiterhin viel Spaß.

Kontrollfragen
(Die Antworten finden Sie auf Seite 133)

1. Welche Anforderungen stellen wir an brauchbare Aktennotizen?
2. In welcher Reihenfolge bauen Sie Aktennotizen auf?
3. Welche Ziele erreichen Sie mit treffenden Überschriften?

Aufgaben:
- Fassen Sie öfter Telefongespräche schriftlich zusammen, indem Sie ein geeignetes Formular verwenden.
- Achten Sie dabei auf gute Gliederung der Information.
- Prüfen Sie Ihre Notizen kritisch bezüglich Klarheit und Vollständigkeit.
- Halten Sie auch einige Gespräche schriftlich fest.
- Vergessen Sie nie: Das systematische Schreibtraining schärft die Aufmerksamkeit und schult den sprachlichen Ausdruck.

Berichte schreiben — keine Kunst

Stellen Sie sich vor, Sie sind als Präsident(in) eines Festkomitees nach dem glatten Verlauf einer sorgfältig vorbereiteten Veranstaltung mit allen Helfern vor und hinter den Kulissen hoch zufrieden. Sie haben den Besuchern alles bieten können, was umsichtig geplant war. Man hat sich über den erfolgreichen Verlauf gefreut. Kurz: Die Veranstaltung war ein Volltreffer! Und nun erwarten Sie ein positives Echo in der Presse: eine *klare, eindrucksvolle Berichterstattung.*
Welche Ansprüche stellen Sie als Leser einer Tageszeitung an die Berichterstattung?

Anforderungen an einen Zeitungsbericht
1. . . . .
2. . . . .
3. . . . .
4. . . . .
5. . . . .

Eine Leserumfrage ergab dazu:
1. Der Leser möchte rasch und direkt das Wesentliche erfahren (Überschrift, Vorspann).
2. Der Leser will eine klare und wahre Berichterstattung.
3. Der Leser wünscht eine möglichst umfassende Information.

4. Der Leser erwartet einen übersichtlichen Bericht.
5. Der Leser zieht unterhaltsame, informative Berichte allen farblosen und langweiligen vor.

Daraus ergeben sich für einen guten Bericht folgende Kriterien:
- Wahrheit, Klarheit und Kürze
- Sachlichkeit und Vollständigkeit
- Zweckmäßigkeit und Übersichtlichkeit
- Sprachliche Richtigkeit und leichte Lesbarkeit

Wir stellen fest:
- Wir leben im Zeitalter der Informationsexplosion und benötigen täglich neue Berichte.
- Privat und beruflich sind wir ständig auf neues Wissen und neue Erkenntnisse angewiesen.
- Jeder Bericht muß eine objektive, wahrheitsgetreue Darstellung von Ereignissen oder Vorgängen geben.

Verschiedene Berichtsarten

Unser modernes Leben zeigt, daß wir im Privatbereich wie im Geschäftsleben Dauerkonsumenten verschiedenster Berichtsarten sind.
Welche Berichte lesen Sie täglich? Ergänzen Sie die folgende unvollständige Liste nach eigenen Neigungen und Erfahrungen:

- Presseberichte
- . . . .
- Fernseh- und Rundfunknachrichten
- . . . .
- Politische Berichte
- . . . .
- Sportberichte
- . . . .
- Wirtschaftsberichte
- . . . .

43

- Börsenberichte
- ....
- Marktberichte
- ....
- Tagesberichte
- ....
- Veranstaltungsberichte
- ....
- Situationsberichte
- ....
- Kommissionsberichte
- ....
- Tagungsberichte
- ....
- Geschäftsberichte
- ....
- Wissenschaftsberichte
- ....
- Militärberichte
- ....
- Untersuchungsberichte
- ....
- Wetterberichte

Welche Art von Berichten schreiben Sie, und wo liegen Ihre
Probleme?

Berichtsart   Mein Problem

....
....
....
....
....
....

Alltagsberichte — Beispiele aus der Presse

Ihr Vorgehen:
- Lesen Sie die folgenden Berichte zweimal langsam und konzentriert, und prägen Sie sich den Textinhalt ein.
- Prüfen Sie nun, ob sich die berühmten *7 W-Fragen* zuverlässig beantworten lassen (Informationsgehalt):
  - Wer?   - Wo?
  - Was?   - Warum?
  - Wie?   - Wozu?
  - Wann?
- Beurteilen Sie die Verständlichkeit dieser Texte.
- Legen Sie jetzt das Buch weg, und fassen Sie die Information kurz zusammen.
- Vergleichen Sie Ihren Text mit dem Originalbericht.

① **Alter Hut in neuen Ehren**
Das Markenzeichen des kürzlich verstorbenen Joseph Beuys, sein Hut, soll zu Ausstellungsehren kommen. Im Atelier von Schloß Benrath (Düsseldorf) wird diese berühmte Kopfbedeckung ganzjährig zu sehen sein. Und die Stadt Bonn hat etwa 400 Beuys-Serien-Kunstwerke vom Sammler Günther Ulbricht für 450 000 DM erworben. Für eine geplante Ausstellung bringt Ulbricht noch ungefähr ebenso viele Exponate als Schenkung ein.

(Aus: »annabelle«, Nr. 7/86)

45

Ihr Kommentar:

. . . .

. . . .

② **Falsche Grüße aus Grönland**

Eine Marktnische hat der geschäftstüchtige Lachshändler Otto Utzmeier entdeckt. Anruf genügt (0049/89/1 50 32 53), und man erhält gegen eine Gebühr von 20 DM eine Ansichtskarte aus Grönland. Feriengrüße darauf – und zurück mit der Karte zu Utzmeier nach München. Der Lachshändler schickt sie zu nicht weniger geschäftstüchtigen Eskimos, die ihr auf der nächsten Poststelle einen bildschönen Grönland-Stempel aufdrücken lassen.

(Aus: »Weltwoche«, Nr. 18/86)

Ihr Kommentar:

. . . .

. . . .

③ **Bundespräsident preisgekrönt**

Richard von Weizsäcker, Bundespräsident, wurde das »Goldene Mikrophon« verliehen, ein Preis, den die Bonner Rednerschule alljährlich für herausragende rhetorische Leistungen vergibt. In der Laudatio hieß es, Weizsäckers Sprache schlage Wurzeln und verhelfe vielen Menschen, besonders auch jungen Leuten, ihre Identität zu finden. Die Sprache des Bundespräsidenten zeichne sich durch klare, kurze Sätze aus und sei mit wenigen Fremdwörtern gespickt. Im weiteren verstehe er auch komplizierte Zusammenhänge für den Bürger klar zu formulieren. Wie es scheint, unter den Politikern keine Selbstverständlichkeit.

(Aus: »Weltwoche«, Nr. 18/86)

Ihr Kommentar:

. . . .

. . . .

46

Berichte in der Bürowelt

Wenn Sie im Büroalltag die Berichte untereinander vergleichen, werden Sie erkennen, daß es die *eine* bestimmte Berichtsart gar nicht gibt, geschweige denn ein Erfolgsrezept dazu. Im Wirtschaftsleben erscheint der Bericht unter den verschiedensten »Spielformen«. Einmal entdecken wir den Bericht als Mitteilung, Aufzeichnung, Protokoll, Eintragung, Notiz, Anmerkung, Vermerk, Artikel oder Reportage. Ein andermal finden wir ihn als Meldung, Hinweis, Darlegung oder Zusammenfassung.

Vielleicht kommen wir der Sache etwas näher, wenn wir den Bericht allgemein als eine *sachliche, wahrheitsgetreue Darstellung von Tatbeständen, Ereignissen oder Vorgängen* bezeichnen.

Berichte, in welcher Form auch immer, dienen einem *bestimmten Zweck.* Der Bericht ist somit eine *erweiterte Aktennotiz.* Manager, Techniker, Forscher und Sekretärinnen sind im Zeitalter der Informationslawine mehr denn je auf diese schriftlichen Aufzeichnungen angewiesen; denn viele wichtige Entscheidungen hängen von der *Qualität, Vollständigkeit und Klarheit* eines vorliegenden Berichts ab.

Die Schwierigkeit, einen brauchbaren und zweckmäßigen Bericht zu verfassen, liegt oft im Aufbau und in der Klarheit, weil ein Verfasser seinen Leserkreis selten genug genau kennt. Ferner muß ein Schreiber über *Sach- und Sprachkenntnisse* verfügen, wenn er seinen Bericht einwandfrei gestalten will. Gerade hier zeigt die Praxis oft bedenkliche Lücken. Aber der Autor muß auch die Zusammenhänge kennen, damit er die gesamte Informationsbreite überblicken kann.

Als Verfasser muß er 5 wichtige Aspekte berücksichtigen:
- Reihenfolge der Teilinformationen
- Erforderliche und zulässige Fachausdrücke
- Sprachqualität
- Notwendige Schwerpunktinformationen
- Nötige und nützliche Hinweise

Sinnvollerweise werden Sie zunächst eine *Stichwortdisposition* erstellen, damit Sie den optimalen Aufbau klar bestimmen können. Dabei gehen Sie von der Frage aus: *Was* weiß der Leser bereits?

Danach besteht Ihre Aufgabe darin, so zu schreiben, daß Sie dem Leser Ihre Information textlich kurz und bündig übermitteln.

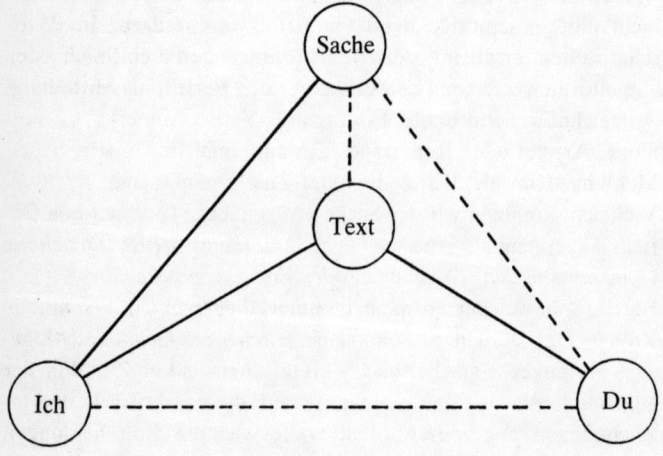

Erläuterung:
- Das Ich muß den Weg zum Du über den Text finden.
- Mit einem verständlichen Text kann das Ich die Sache dem Du näherbringen. Hier liegt die Aufgabe eines Verfassers.

48

Der Aufbau eines Berichts

Sie haben bestimmt schon erfahren, wie schwierig es oft ist, dem unbekannten Leser einen Sachverhalt so zu schildern, daß er ihn auf Anhieb versteht. Ob Geschäfts- oder Erfahrungsberichte, technische Berichte, Vorschriften, Vorschläge, Richtlinien oder Gebrauchsanweisungen zu verfassen sind, immer stehen wir vor der entscheidenden Frage:

Wie strukturiere ich den Bericht, damit er EIKLAN wird? Einfach, klar und anschaulich!

Dadurch, daß ich zu der Einsicht gekommen bin, meine Ausführungen überhaupt zu strukturieren, habe ich bereits eine wichtige *Grundlage* geschaffen.

Zu einer Struktur gelangen Sie aber erst, wenn Sie alle im Zusammenhang mit Ihrem Berichtsthema stehenden Fragen gesammelt haben und somit wissen, was Ihr Leser an Kenntnissen braucht, welche Informationslücken er noch hat und was ihn in diesem Zusammenhang nicht interessiert. Dabei stellen Sie sich am besten vor, wie Ihre Leser Ihren Text aufnehmen und verarbeiten, wie sie ihn einschätzen und wozu sie Ihre Informationen benötigen werden. Sie müssen sich also bemühen, in erster Linie die Ziele Ihrer Leser zu erreichen, nicht Ihre eigenen. Hier liegt schon Ihre erste Erfolgschance.

Carl Spitteler schreibt über »Fleiß und Eingebung«: »Die Unentbehrlichkeit energischer Arbeit nach der Eingebung braucht nicht mehr bewiesen zu werden, da nur Kinder und Kindeskinder heutzutage noch glauben, Kunstwerke kämen einem fertig in die Feder geflogen. Ich möchte jedoch hier darauf aufmerksam machen, daß der Fleiß auch als Vorarbeiter und Bahnbrecher der Inspiration eine wichtige Rolle spielt, daß der alte Rat, die Stimmung oder die Eingebung abzuwarten, besser durch den entgegengesetzten, die Stimmung und Eingebung zu ertrotzen oder anzulocken, verdrängt werde.«

Was können Sie also tun, um zu *Einfällen* zu gelangen?

1. Das Thema über-denken!
Vielleicht denken Sie zunächst einmal vor dem Einschlafen nach. Am Morgen liegen die richtigen Fragen vor.

2. Das Thema diskutieren!
Im Gespräch zeigen sich plötzlich Lichtpunkte und Leuchtspuren, denen Sie dann rasch folgen sollten. Andere Menschen – andere Gedanken.

3. Fachliteratur studieren!
Lesen Sie nach, was andere Autoren über »Ihr« Thema denken und folgern. Fachunterlagen und Nachschlagewerke sind heute wahre Fundgruben des Wissens. Profitieren Sie davon.

4. Fragelisten entwerfen!
Im allgemeinen werden Sie mit diesen Fragen auskommen:
- Wer?   Wer ist daran beteiligt?
- Was?   Was ist geschehen?
              Was interessiert wen?
              Was ist zu berücksichtigen?
- Wo?   Wo trug sich was zu?
- Woher?   Woher kamen die Beteiligten?
- Wohin?   Wohin wollen sie gelangen?
- Wann?   Wann geschah es?
- Wie lange? Wie lange dauerte es?

- Warum? Warum geschah es?
- Wie? Wie ist vorgegangen worden?
  Wie muß vorgegangen werden?
- Wofür? Wofür ist dies gut?
- Wozu? Wozu soll wer, was, wie, wann, wo tun?

Früher gliederte man einen Bericht in *Einleitung, Hauptteil und Schluß*. Heute weiß man, daß diese starre Regel nicht mehr viel bringt. Bestenfalls können wir auf diese Weise einen groben Plan aufstellen. In der Praxis sieht es jedoch oft ganz anders aus.

Nach der *Bedürfnisabklärung* gelangen wir möglicherweise zu diesem *Aufbau:*

1. Überschrift: Jedes Schriftstück erhält eine kurze, aussagekräftige Überschrift.

2. Verfasser: Der Leser darf wissen, wer den Bericht verfaßt hat und wo man diesen Fachmann gegebenenfalls findet (Tätigkeit, Dienststelle usw.)

3. Vorbemerkungen: Die Einleitung bezieht sich auf einige knappe wegweisende Gedanken.

4. Einzelheiten: Der Leser benötigt stets Zusatzinformationen, die er seinem bisherigen Wissen beifügen kann, um zu neuen Erkenntnissen zu gelangen.

5. Beispiele: Bei zahlreichen Informationen müssen Sie mit treffenden Beispielen zeigen, wovon Sie ausgegangen sind.

6. Folgerungen: Nach der Vermittlung des Basiswissens mit entsprechenden Beispielen leiten Sie daraus entsprechende Konsequenzen ab, die überzeugen.

7. Schluß: Eine Kurzzusammenfassung läßt den Leser erkennen, ob er den Bericht in der ganzen Tragweite erfaßt und verstanden hat. Er wird gleichsam eine Selbsterkenntnis daraus ableiten.

Sonderhinweise:
1. Zu viele Verfasser schreiben mehr als zu lesen wünschenswert ist. Schade um die Mühe!
2. Wenn Sie eine Stichwortdisposition erstellen, halten Sie sich Ihre(n) Leser vor Augen: Welche Bedürfnisse sollen mit dieser Information abgedeckt werden?
3. Bevor Sie die erste Zeile schreiben, überlegen Sie, wer, was, wo, woher, wann, weshalb, wie und wozu wissen muß.

Der einfache Aufbau

Kennen Sie die *ASA-Formel* aus der Korrespondenz? Diese können Sie auch für den Aufbau Ihrer Berichte einsetzen.

Ⓐ = Ausgangslage
 – Vorbemerkungen
 – Anknüpfung
 – Überleitung
 – Tatbestand

Ⓢ = Stellungnahme
 – Kerntext
 – Hauptinformation
 – Präsentation des Anliegens
 – Schwerpunkt
 – Beispiele

Ⓐ = Aufforderung
 – Kurzzusammenfassung
 – Folgerungen
 – Auftrag

Zwei Beispiele aus der Praxis
● Lesen Sie die beiden Texte aufmerksam.
● Achten Sie auf die Struktur der Berichte.

52

① Ihre Notizen zum
Aufbau

Professionelle Textverarbeitung für
den PC
von Dr. Alex Hillmann
Abteilung Bürokommunikation
Ab sofort bietet AES ihre bewährte
Textverarbeitungs- und Büroinforma-
tionssoftware für den eigenen Perso-
nalcomputer sowie für IBM- und
IBM-kompatible PC in deutscher und
französischer Sprache an.
Das Paket umfaßt unter anderem
folgende Funktionen:
– Textverarbeitung
– Suchen und Ersetzen von Begriffen
– Diagrammgrafik
– Bausteinverarbeitung
– Automatischer oder manueller
  Seitenumbruch
– Rechnen im Text
– Automatisches Dokumentenin-
  halts- und Stichwortverzeichnis
– Fußnotenzuordnung
– Hintergrundverarbeitung
– Verschieben oder Kopieren von
  Textblöcken
Als Besonderheit unterstützt dieses
Paket die hierarchische File- und
Dateistruktur von MS-DOS, ferner
den Transfer von Daten in beide Rich-
tungen und ist schließlich netzwerk-
fähig.
Dieses Softwarepaket setzt eine
Speicherkapazität von 256 K voraus
und läuft unter dem Betriebssystem
MS-DOS.
Unterlagen dazu erhalten Sie bei:
Abt. Bürokomm. 548/34/Hi

Bewerten Sie.
- den *Inhalt*
  - Gliederung
  - Hauptaussage
  - Verständlichkeit
- den *Stil*
  - Wortwahl
  - Wortstellung
  - Klarheit
- die *Darstellung*
  - Gliederung
  - Lesbarkeit
  - Übersichtlichkeit

② Ihre Notizen zum
  Aufbau

Pistolenverein Adorf:
Neuer Vorsitzender
Am 21. März führte der Pistolenverein
Adorf seine Generalversammlung
durch. 65 Aktive und 30 Passive
besuchten die Veranstaltung. Albert
Zweifel leitete die Verhandlungen
zum dreißigsten Mal.
Der Bericht des Vorsitzenden legte
beredtes Zeugnis über ein ereignis-
reiches Vereinsjahr ab. Der Mitglie-
derbestand nahm um 10 Aktive zu
und beträgt nun 249. Kassierer Erich
Bolli meldete einen Reingewinn von
DM 2 450, so daß die Mitgliedsbei-
träge nicht erhöht werden mußten.
Die Versammlung bewilligte einen
Kredit von DM 1 000 für die geplante
Erneuerung der Schießanlage sowie
DM 6 500 zur Beschaffung weiterer
Vereinswaffen.
Franz Keßler wird den Verein als

neuer Vorsitzender leiten; er wurde einstimmig gewählt. Prof. Dr. Walter Hofer hielt einen vielbeachteten Vortrag zum Thema »Der Schützensport heute«.
Karl Maurer

Ihre Beurteilung
Kreuzen Sie an, was zutrifft:

	sehr gut	gut	genügend	schlecht
1. Inhalt:				
Gliederung				
Hauptaussage(n)				
Verständlichkeit				
2. Stil:				
Wortwahl				
Wortstellung				
Klarheit				
3. Darstellung:				
Gliederung				
Lesbarkeit				
Übersichtlichkeit				

4. Verbesserungsvorschläge:

. . . .
. . . .
. . . .
. . . .

Aufgabe:
Kürzen Sie diesen Bericht um zwei Drittel, ohne daß die Informationsschwerpunkte verlorengehen.

Ein Bericht entsteht

Bevor Sie einen Bericht verfassen, werden Sie vermutlich bereits wissen, welche *Form* Sie ihm geben möchten:
- Betriebsinterne Mitteilung oder Weisung
- Kurzbericht (z. B. Kursbericht, Tagungsbericht)
- Zeitungsartikel (für eine breite Öffentlichkeit)
- Reportage
- Leserbrief
- Fachaufsatz
- Wissenschaftliche Abhandlung
- Gebrauchs- oder Betriebsanleitung

Daraus ergeben sich schon bestimmte Überlegungen für Ihr Vorgehen. Bereits zu Beginn werden Sie sich aber im klaren sein, *wem* Sie *was* mitteilen wollen, bzw. *wer was* erfahren soll.

Erstellen Sie jetzt eine Liste der möglichen Leser (Zielgruppe). Je nachdem zeigt sich dann das entsprechende *Anforderungsprofil:* Eine betriebsinterne Mitteilung werden Sie sehr kurz halten, während der Fachaufsatz oder die wissenschaftliche Abhandlung etwas ausführlicher und umfassender über einen Bereich informieren muß.

Ausgangslage:
Das Informationszentrum für Besseres Sehen (IBS) erhält vom Berufsverband der Optiker den Auftrag, die Öffentlichkeit vor

der Ferien- und Reisezeit auf einen guten Augenschutz bei Sonnenbestrahlung aufmerksam zu machen. In einem Pressebericht, der in möglichst vielen Zeitungen und Zeitschriften abgedruckt wird, soll auf die mannigfachen Gefahren für unsere Augen hingewiesen werden. Ein wirksamer Sonnenschutz ist aber auch gewissen Modeströmungen unterworfen.

Eine passende modische Sonnenbrille sollte man daher im Fachgeschäft kaufen, wo der Kunde auch eine fachgerechte Beratung erhält.

Der Bericht muß demnach einen informativen und werbenden Charakter haben. Auch sollte der berühmte »Aha-Effekt« beim Leser nicht ausbleiben.

Ihr Vorgehen als Verfasser

1. Die Frage »Wer soll was erfahren?« wird in der Ausgangslage bereits beantwortet:

Wer?	Jeder Tourist und Leser aller Altersgruppen
Was?	Information über vorbeugende Maßnahmen bei starker Sonnenbestrahlung und Werbung für den Fachhandel
Wo?	Zeitungen und Zeitschriften
Woher?	Der Fachhandel liefert entsprechendes Fachwissen.
Wohin?	Zu den Konsumenten gehören im Sommer alle Touristen und Leute, die sich oft im Freien aufhalten.
Wann?	Die Information ist besonders im Hochsommer aktuell.
Wie lange?	Je nach Reiseziel wird der Bericht länger- oder kurzfristig aktuell werden.
Warum?	Präventivmaßnahmen werden für unsere Gesundheit immer wichtiger.
Wie?	Der Bericht muß »eiklan« (einfach, klar und anschaulich) abgefaßt werden. Sie müssen verschiedene Zielgruppen mit unterschiedlichem Niveau erreichen.

Wofür?   Werbeeffekt für Optiker
Wozu?   Die Leser sollen erfahren, welche
              ausgewiesenen Fachleute für optische
              Gläser zuständig sind.

2. Nach gründlichen Überlegungen bildet sich eine Art *Inhalts-verzeichnis* (Checkliste) in Stichwörtern heraus, in das bestimmte Erkenntnisse mit einbezogen sind:

- Einleitung: – Wunderwerk Auge
                – Schwerstarbeit verrichten
                – Ferien für Augen? – <u>Nein</u>!
                – Strahleneinwirkung gefährlich
- Hauptteil I: – Gefahren vorbeugen
                – Sehtest durchführen
                – Jeder 9. Fahrzeuglenker hat
                  Sehfehler
                – Also lassen Sie Ihre Augen nach-
                  sehen
                – Reservebrille mitnehmen
                – Unfallgefahren bei Sehschwäche
- Hauptteil II: – Sonnenschutz kann modisch sein
                – Blendschutz ist wichtig
                – Besonders wichtig bei intensiver
                  Ultraviolettstrahlung
                – Sonnenbrille guter optischer
                  Qualität
                – Modische Brillen sind »in«
                – Aber die Gesundheit sollte im
                  Mittelpunkt stehen
- Schluß: – Angenehmes mit Nützlichem
                  verbinden
                – Sonnenbrillen als zweckmäßiger
                  Strahlenschutz
                – Optische Gläser beim Fachmann
                  kaufen

3. *Der 1. Entwurf nach dem Inhaltsverzeichnis:*
Das menschliche Auge ist ein wahres Wunderwerk: Es ver-mittelt uns ungefähr 90 % aller Sinneseindrücke. Seine

58

Schwerstarbeit besteht darin, sich unablässig auf verschiedene Distanzen einzustellen und auf Helligkeitsunterschiede von selbst zu reagieren. Ferien für unsere Augen gibt es nicht. Aber wir können zumindest dafür sorgen, daß die Sehleistung der Augen, wenn nötig mittels einer optischen Korrektur, den Anforderungen entspricht, und daß die Strahleneinwirkung auch in den Ferien nicht übermäßig ist.

Wer sich längere Zeit keinem Sehtest unterzogen hat, sollte dies unbedingt noch vor der Ferienreise tun. Erfahrungswerte aus Untersuchungen des Informationszentrums für Besseres Sehen (IBS) zeigten nämlich, daß jeder 9. Fahrzeuglenker die Sehanforderungen zum Führen eines Fahrzeugs nicht mehr erfüllt.

Kleinere Sehfehler versucht das Auge automatisch durch eine stärkere Muskelarbeit auszugleichen. Entsprechend schneller macht sich die Ermüdung bemerkbar. Bei Brillenträgern darf die Reservebrille im Handschuhfach nicht fehlen. Kontaktlinsenträger können mit einer Reservebrille oder -linsen im Feriengepäck allen Eventualitäten ruhiger ins Auge blicken. Wer als Brillen- oder Kontaktlinsenträger einen entsprechenden Eintrag im Führerschein hat und ohne Sehhilfe lenkt, kann mit Buße bestraft werden. Viel schlimmer sind allerdings Unfälle, die auf Grund ungenügender Sehleistung verursacht werden.

Wenn unsere Augen intensiveren Strahlungen ausgesetzt sind als unter den gewohnten Lebensumständen, bedürfen sie eines Blendschutzes. Ganz besonders bei stärkerer Ultraviolettstrahlung, beispielsweise im Hochgebirge oder am Strand.

Eine Sonnenbrille guter optischer Qualität, wenn notwendig eine mit einer individuellen Korrektur, schirmt diese Strahlen ab, verbessert die Sehleistung und erlaubt ein ermüdungsfreies Sehen. Außerdem werden so Augenfältchen vermieden, die durch das ständige Zusammenkneifen der Augen bei Blendung entstehen. Vor allem dieses Jahr im Hochsommer hat sich die Sommermode der Sonnenbrille bemächtigt. Farbeffekte erzielt man nicht nur mit Schuhen und Taschen, sondern auch mit Sonnenbrillen. An Formen ist alles zu beobachten: Neben den schmalen Formen, die an die fünfziger Jahre erinnern, sind auch große Phantasieformen wieder »in«.

Neben allen modischen Aspekten darf aber die eigentliche Funktion der Sonnenbrille als guter Strahlenschutz nicht übersehen werden. Der Gesundheit Ihrer Augen zuliebe lohnt es sich, ein Modell im Fachgeschäft mit guten optischen Gläsern auszuwählen.

4. *Schlußfassung mit Überschriften:*
   - Jeder Bericht braucht eine kurze, informative Überschrift.
   - Zwischenüberschriften erleichtern die Aufnahme der Mitteilung.
   - Ein Vorspann (Kurzzusammenfassung) vermittelt dem Leser einen Überblick über den Gesamtinhalt (Grobinformation).

Nach dem Ausfeilen des Entwurfs könnte Ihr *druckreifer Bericht* etwa so aussehen:

Ferien — auch für Ihre Augen?

Die Augen leisten täglich Schwerstarbeit; denn die Belastungen des Alltags sind groß. Aber selbst in den Ferien gibt es für die Augen kein Ausspannen. Mit langen Autofahrten, beim Sport und durch extreme Lichtverhältnisse werden sie sehr beansprucht. – Das Informationszentrum für Besseres Sehen (IBS) weist darauf hin, daß um so mehr auf ausreichende Sehschärfe und guten Sonnenschutz geachtet werden sollte.

Das menschliche Auge ist ein Wunderwerk. Es vermittelt uns rund 90 % aller Sinneseindrücke. Seine tägliche Schwerstarbeit besteht darin, sich laufend auf verschiedene Distanzen einzustellen und auf Helligkeitsunterschiede automatisch zu reagieren. Ferien für Ihre Augen gibt es nicht. Aber Sie können zumindest dafür sorgen, daß die Sehleistung der Augen – wenn nötig mit optischer Korrektur – den Anforderungen entspricht, und daß die Strahleneinwirkung in den Ferien nicht übermäßig ist.

60

Gefahren vorbeugen

Zwischen-titel I

Wer sich seit längerem keinem Sehtest unterzogen hat, sollte dies unbedingt noch vor der Ferienreise tun. Erfahrungswerte aus Untersuchungen des Informationszentrums für Besseres Sehen zeigten nämlich, daß jeder 9. Fahrzeuglenker die Sehanforderungen zum Führen eines Fahrzeugs nicht mehr erfüllt. Kleinere Sehfehler versucht das Auge automatisch durch eine stärkere Muskelarbeit auszugleichen – entsprechend schneller macht sich die Ermüdung bemerkbar. Bei Brillenträgern darf die Reservebrille im Handschuhfach nicht fehlen. Kontaktlinsenträger können mit einer Reservebrille oder -linsen im Feriengepäck allen Eventualitäten ruhiger ins Auge schauen. Wer als Brillen- oder Kontaktlinsenträger einen entsprechenden Eintrag im Führerschein hat und ohne Sehhilfe lenkt, kann mit Buße bestraft werden. Viel schlimmer sind allerdings Unfälle, die auf Grund ungenügender Sehleistung verursacht werden.

Sonnenschutz und modisches Accessoire

Zwischen-titel II

Immer wenn die Augen anderen und intensiveren Strahlungen ausgesetzt sind als unter den gewohnten Lebensumständen, bedürfen sie des Blendschutzes. Ganz besonders bei stärkerer Ultraviolettstrahlung, zum Beispiel im Hochgebirge oder am Strand. Eine Sonnenbrille guter optischer Qualität – wenn nötig mit einer individuellen Korrektur – schirmt diese Strahlen ab, verbessert die Sehleistung und erlaubt ein ermüdungsfreieres Sehen. Außerdem werden so Augenfältchen vermieden, die durch das ständige Zusammenkneifen der Augen bei Blendung entstehen. Vor allem dieses Jahr hat sich die Sommermode der Sonnenbrille bemächtigt. Farbeffekte erzielt man nicht nur mit Schuhen und Taschen, sondern auch mit – Sonnenbrillen. An Formen ist alles zu beobachten, was gefällt: Neben den schmalen Designs, die an die fünfziger Jahre erinnern, sind auch große Phantasieformen wieder »in«.

Außer allen modischen Aspekten dürfen Sie jedoch die eigentliche Funktion der Sonnenbrille als zweckmäßigen

61

Strahlenschutz nicht übersehen. Der Gesundheit Ihrer wertvollen Augen zuliebe lohnt es sich, ein Modell im Fachgeschäft mit guten optischen Gläsern auszuwählen.

Sonderhinweise:
- Gehen Sie in kleinen Schritten vom Inhaltsverzeichnis zur Reinschrift vor.
- Schreiben Sie Ihre Entwürfe wenn immer möglich in Stenografie.

20 Merkpunkte zur Beurteilung Ihrer Berichte

1. Ist die Überschrift kurz und treffend formuliert?
2. Gibt Ihr Bericht hinreichend Auskunft über die 7 W-Fragen Wer? – Was? – Wie? – Wann? – Wo? – Warum? – Wozu?
3. Wird die Zielgruppe klar und überzeugend »angesprochen«?
4. Wäre allenfalls ein kurzer Vorspann sinnvoll (Übersicht)?
5. Wären Zwischentitel zweckmäßig?
6. Ist die Gliederung erkennbar?
7. Enthält Ihr Bericht Informationsschwerpunkte, die auch entsprechend visualisiert sind?
8. Ist Ihr Bericht vollständig?
9. Ist der Schwierigkeitsgrad des Textes dem Leserkreis angepaßt?
10. Ist Ihr Bericht objektiv abgefaßt?
11. Enthält Ihr Bericht wirklich keine subjektiven Aussagen?
12. Entdecken Sie etwa noch überflüssige Aussagen oder für den Zusammenhang unwichtige Informationen?
13. Könnte Ihr Bericht mit aussagekräftigen Bildern, Skizzen, Diagrammen oder Tabellen ergänzt werden?
14. Sind alle Feststellungen, Angaben, Zitate und Daten abgesichert?
15. Haben Sie auch Ihre Schlußfolgerungen beweiskräftig und sachlich abgefaßt?

16. Ist die Berichtsform zweckmäßig?
17. Haben Sie Ihren Bericht nach Inhalt, Stil und Darstellung bewertet?
18. Schreiben Sie in klarem, verständlichem und zeitgemäßem Deutsch?
19. Ist Ihr Bericht auch gut und übersichtlich gestaltet?
20. Sind Ihre Aussagen für den Leser auf Anhieb verständlich?

Schreiben Sie einen Leserbrief
Tages-, Wochen- und Fachzeitungen schätzen die aktive Mitarbeit ihrer Leserinnen und Leser. Alle Redakteure nehmen Kritiken, Hinweise, Kommentare und Anregungen aus Leserkreisen stets ernst und räumen solchen Leserbeiträgen in ihren »Leserspalten« gern den nötigen Platz ein. Ein Leserecho ist immer wertvoll, belebt eine Zeitung und regt die Diskussion an.
Formulieren Sie nun einen *Leserbrief* für eine Zeitung, die Ihnen nahesteht. Nehmen Sie in Ihrem »Bericht« auf ein aktuelles Thema Bezug, und entwickeln Sie eigene Gedanken dazu. Schreiben Sie Ihren Bericht *sehr kurz, aber aussagekräftig*, und achten Sie auf einen *zweckmäßigen Aufbau*. So wird der Redakteur Ihren Bericht gerne abdrucken lassen.
Ferner:
● Schreiben Sie den Bericht mit der Maschine ins reine.
● Wählen Sie einen großen Zeilenabstand und einen breiten Rand links.
● Beschreiben Sie Ihre Blätter nur einseitig.
● Satzspiegel: − 1 Seite zu 30 Zeilen
　　　　　　　 − 1 Zeile zu 60 Anschlägen
Nach der Veröffentlichung Ihrer ersten Leserbriefe werden Sie mehr und mehr Freude am Schreiben bekommen. So wird sich auch die Qualität Ihrer Texte von Mal zu Mal steigern.
Viel Spaß beim Verfassen von Berichten!

Das Wichtigste in Kürze
1. Ein Bericht muß eine objektive, wahrheitsgetreue Darstellung von Ereignissen oder Vorgängen sein.
2. Im Zeitalter der Informationsexplosion benötigen wir täglich eine Vielzahl verschiedenster Berichte – vom Börsenbericht bis zum Sportbericht.
3. Wer Berichte verfaßt, geht zweckmäßigerweise nach den 7 W-Fragen des Journalisten vor:
   - Wer?
   - Was?
   - Wie?
   - Wann?
   - Wo?
   - Warum?
   - Wozu?
   Über diese Punkte sollte jeder Bericht informieren.
4. Für einen guten Bericht gibt es kein sicheres Erfolgsrezept – nur Richtlinien, nach denen Sie je nach Berichtsart vorgehen können.
5. Voraussetzung für das Verfassen guter Berichte sind:
   - Aufmerksamkeit
   - Beobachtungswille
   - Beobachtungsgabe
   - Durchhaltevermögen
   - Kombinationsgabe
   - Konzentrationsfähigkeit
6. Ein brauchbarer Bericht soll sachlich, wahr, sprachlich einwandfrei und vollständig sein.
7. Kurze Berichte liest man aufmerksamer und genauer als ausgewalzte, sprachlich umständliche und endlose.
8. Eine Stichwortdisposition dient Ihnen als Grundlage zu einem durchstrukturierten Bericht.
9. Wer den Stoff beherrscht, schreibt brauchbare Berichte.
10. Bewerten Sie Ihre Berichte nach Inhalt, Stil und Darstellung.

Kontrollfragen

(Die Antworten finden Sie auf Seite 134)

1. Welche 3 wichtigsten Anforderungen stellen Sie an einen Zeitungsbericht?
2. Im Alltag stoßen wir auf die verschiedensten Berichtsarten. Zählen Sie 6 Berichtsarten aus der Praxis auf.
3. Wie lauten die berühmten 7 W-Fragen, auf die ein guter Bericht antworten sollte?
4. Erstellen Sie eine Checkliste für den Aufbau eines Berichts.

Aufgaben:
- Studieren Sie nochmals das Kapitel »Ein Bericht entsteht«, und gehen Sie beim Verfassen Ihrer Berichte ungefähr so vor.
- Überlegen Sie, welche Möglichkeiten Ihnen zur Verfügung stehen, wenn Sie zu einer bestimmten Berichtsart Informationen benötigen (Fachliteratur, Fachleute, Fachzeitschriften, Archive, Bibliotheken, Presseberichte usw.).

Kleine Stilübung

Hier: Die schwerfällige Leideform (Passiv)

»Die Teuerung wird vom Staat wohl nicht aufgehoben werden können.« – Ein Satz, der uns eigentlich nicht mißfällt. Und doch: Wenn wir fragen »Wer tut hier eigentlich was?«, wird uns plötzlich klar, wie holprig dieser Satz auf den Leser wirkt. Eine Stilform der alten Schule! – <u>»Der Staat wird die Teuerung wohl nicht aufhalten können«</u> ist einfacher und lebendiger; der Satz ist aktiv. Eine Aussage, die den Sachverhalt rasch klärt und keine Zweifel offenläßt.

In Aktennotizen und Protokollen treffen wir diese Stilschwäche oft an, vielleicht deshalb, weil manche Verfasser diese verstaubte Ausdrucksform bedingungslos übernehmen. Dabei wird jede Aussage verständlicher, wenn wir sie im Aktiv festhalten.

Sehen Sie selbst:

Passiv	Aktiv
● Frau Müller wurde vom Personalchef beurlaubt.	Der Personalchef beurlaubte Frau Müller.
● Der Auftrag wurde von unserer Einkaufsabteilung der Firma Kullmann AG in Köln erteilt.	Unsere Einkaufsabteilung erteilte den Auftrag der Kullmann AG in Köln.

▷ Wählen Sie das Passiv nur, wenn das Subjekt (Satzgegenstand) selbst nicht handelt:

Beispiel: Der Bewußtlose wurde ins Krankenhaus gebracht.

> Erst wenn Sie im Aktiv schreiben, beginnt Ihre Sprache zu »atmen«.
> Fragen Sie immer: »Wer tut was?«

1. Original:
   Der Vorsitzende bedauert, daß unsere Großzügigkeit von Herrn Ernst Baader mißverstanden worden ist.
   Besser:

   . . . .

2. Original:
   Während des Wintersemesters werden die kaufmännischen Lehrlinge von Frau Dr. Hayoz unterrichtet werden.
   Besser:

   . . . .

3. Original:
   Unser Fabrikladen wird am 1. Januar von Herrn W. Lamprecht übernommen werden.
   Besser:

   . . . .

4. Original:
   Das Protokoll Nr. 307 vom 16. März wird von der Kommission einstimmig gutgeheißen.
   Besser:

   . . . .

68

Bau-Steine . . .

> *Die Sprache ist der Ausdruck unseres Denkens.*

1. Jeder schreibt, so gut er kann, aber nicht so gut er könnte.
2. Wer förmlich, geschraubt, scheinhöflich, umständlich und nach alten Mustern schreibt, wirkt langweilig, steif, lähmend und humorlos.
3. Texte sind im Geschäftsleben Informationsmedien – wichtige Bau-Steine für richtige Entscheidungen.
4. Der Mensch denkt in Bildern.
   Provozieren Sie Ihre Leser also nicht schon mit dem 1. Satz, sonst haben Sie den Rest des Textes umsonst verfaßt.
5. Lesen ist immer anstrengend, kostet Zeit und Energie. Nichtlesen kostet Geld . . .
6. Zeige mir, wie Du schreibst, und ich sage Dir, was Du denkst.
7. Texte werden um so lieber gelesen, je lockerer sie geschrieben sind. – Dies gilt für Frau Meier wie für den Manager.
8. Je mehr Leser ich ansprechen will, desto einfacher muß mein Wortschatz sein.
9. Ob langer Text – ob kurzer Text:
   Der einfache, klare Text überzeugt!
10. Schreiben lernen Sie nur, indem Sie schreiben.
    Wer täglich bewußt und selbstkritisch mit der Sprache umgeht, kommt dem Ziel immer näher.

Das Protokoll

Hand aufs Herz, liebe Leserin, lieber Leser: Melden Sie sich spontan, um das Protokoll zu übernehmen, wenn Sie in einem Vereinsvorstand mitarbeiten? – Ich behaupte, daß Sie froh und dankbar sind, wenn es Sie diesmal nicht trifft. Soll sich doch das amtsjüngste Vorstandsmitglied mit dieser Aufgabe auseinandersetzen!

In unzähligen Seminaren habe ich erfahren, daß niemand gern das Protokollführeramt annimmt. Selbst gebildete und intelligente Leute haben vor dieser Aufgabe großen Respekt, empfinden eine Abneigung davor, helfen lieber anderswo in einer Organisation; aber Protokollführen – nein danke, *ich* doch nicht!

Vielleicht fühlen sich die meisten Schriftführer so unsicher, weil ihnen der Auftrag oft unklar gestellt wird. Auch erscheint ihnen diese Arbeit in mancher Hinsicht als zu schwierig und zu aufwendig.

Eine Umfrage »Weshalb ist die Protokollführung unbeliebt?« ergab folgendes Bild – wobei ich jetzt nur die häufigsten Einwände aufzählen will:

- »Ich habe noch nie ein Protokoll geführt.«
- »Ich habe keine Ahnung, wie man so etwas macht.«
- »In so kurzer Zeit ist es mir einfach nicht möglich, ein brauchbares Protokoll zu erstellen.«
- »Ich bin sprachlich einfach zu unsicher und zu unbegabt!«

- »Ich muß zuerst schauen, wie andere diese Aufgabe lösen.«
- »Ich kann nicht schreiben. Ich habe noch nie gute Aufsätze verfassen können.«
- »Soll dies jemand tun, der Erfahrung hat.«
- »Ich konnte Zusammenfassungen noch nie schreiben.«
- »So schnell kann ich einfach nicht schreiben.«
- »Ich fühle mich dazu unfähig, weil . . .
  meine Sprachkenntnisse zu dürftig sind
  ich das Fachgebiet zu wenig kenne
  ich im Schreiben ungeübt bin
  ich die Protokollführung nirgends gelernt habe
  ich mich nicht lächerlich machen möchte.«
- »Soll ein anderer diese Aufgabe übernehmen.«

Folgerungen daraus:
1. Die Protokollführung ist unbeliebt, weil sie vielerorts unterschätzt wird.
2. Zu viele Protokollführer haben Angst vor dieser Arbeit, weil sie sprachlich zu wenig gewandt sind und ungenügende Sachkenntnisse haben.
3. Es gäbe viele Möglichkeiten, sich im Protokollieren zu üben: Schon die einfache Aktennotiz als Zusammenfassung, ein Kurzbericht oder eine Checkliste sind ja bereits ein Protokoll.
4. Im Berufsalltag, in Organisationen und Behörden sowie im Militärdienst müssen wir oft kurz und klar berichten. Und wie überall, so gilt auch hier: Übung macht den Meister! – Tägliches Formulierungstraining bringt auch Ihnen bald Routine und Erfolg.
   Beginnen Sie daher heute noch mit Ihrem Schreibtraining!

Merken Sie sich:
Wer Verhandlungen als Protokollführer beiwohnt, verrichtet eine wichtige und qualifizierte Arbeit!

Welche Schwierigkeiten haben *Sie* beim Protokollieren?

1. . . . .
2. . . . .
3. . . . .
4. . . . .
5. . . . .
6. . . . .

Überlegen macht überlegen!
- Viele Menschen zweifeln an ihren Fähigkeiten.
- Diese Zweifel bestätigen sich selbst, da sie Kräfte blockieren.
- Doch Sie können viel mehr als Sie denken.
- Motivieren Sie sich daher selbst!

Notieren Sie sich hier *die 3 wichtigsten Ziele*, die Sie beim Protokollieren erreichen wollen:

Ziel 1: . . . .
Ziel 2: . . . .
Ziel 3: . . . .

Protokoll — was ist das eigentlich?

In seinem vergnüglichen Ratgeber für Mitglieder und Vorsitzende von Kommissionen sowie Protokollführer »Hüt isch Sitzig« (Viktoria-Verlag, CH-3072 Ostermundigen-Bern) vertritt Dr. Ernst Steiner die Meinung, das Protokollabfassen sei sehr oft eine *Sammelaktion von Gedankensplittern.* Und in einem Lehrbuch für gutes Deutsch lese ich unter anderem: »Protokollieren heißt, den *Verhandlungsablauf oder die Beschlüsse einer Sitzung mehr oder weniger gerafft schriftlich wiedergeben.«*

Im »Sprach-Brockhaus« finden wir unter dem Stichwort »Protokoll« u. a.: »*Verhandlungsbericht; Notariatsurkunde; urkundliche Niederlegung«.* — Das »Deutsche Wörterbuch« erklärt den Begriff Protokoll als »*gleichzeitig erfolgende oder erfolgte (wortgetreue) Niederschrift einer Verhandlung oder eines Verhörs;* Gesamtheit der Regeln für Höflichkeit und angemessene Form im diplomatischen Verkehr«.

Im Mittellateinischen finden wir das Wort »protocollum«, im Mittelgriechischen den Begriff »protokollon« und im Altgriechischen heißt *protos* »der erste« und *kolla* »Leim«, womit eigentlich die Zusammenfassung gemeint wäre oder die ursprüngliche Bedeutung einer amtlichen Papyrusrolle mit vorgeleimtem Blatt, dem Angaben über Entstehung und den Verfasser des Papyrus zu entnehmen waren. — Wenn wir heute unter dem Fachwort das Zusammentragen der Bogen eines Buches verstehen, so kommen wir der modernen Auslegung des Begriffs Protokoll schon näher.

73

Zahlreiche Protokollarten

In der heutigen schnellebigen Zeit, in der die Informationsexplosion immer weitere Kreise zieht und wir immer mehr auf verschiedenste Wissensquellen angewiesen sind, ist es wohl nicht dem Zufall zuzuschreiben, wenn wir in der Papierflut verschiedenste Protokollarten entdecken:

zum Beispiel

- wörtliche Protokolle (Vollprotokolle)
- Beschlußprotokolle
- Kurzprotokolle
- Aussageprotokolle
- Tatbestandsprotokolle
- Ablaufprotokolle
- Ergebnisprotokolle
- Stichwortprotokolle
- Forschungsprotokolle
- Unfallprotokolle
- Operationsprotokolle
- Reiseprotokolle
- Prüfungsprotokolle
- Untersuchungsprotokolle
- . . . .
- . . . .
- . . . .
- . . . .

Je nach dem festgelegten Ziel müssen Sie auswählen, wobei die Anforderungen entsprechend verschieden sind. Während beispielsweise das Vollprotokoll (wortgetreue Wiedergabe einer Verhandlung) jede Aussage – auch Randbemerkungen – enthalten soll, wird ein Beschlußprotokoll nur die einzelnen Beschlüsse wiedergeben und über die Hintergründe und hitzigen Diskussionen keinen Aufschluß vermitteln.

Deshalb muß jedes Protokoll eine *informative Überschrift* tragen, womit dem Leser bereits gesagt wird, was er zu erwarten hat. – Prüfen Sie einmal, ob Ihre bisherigen Protokolle eine solche Überschrift haben.

74

Der Zweck des Protokolls

An anderer Stelle haben Sie ja bereits herausgefunden, daß die Form von Berichten und Protokollen je nach Aufgabe und Ziel unterschiedlich ist. Die Praxis zeigt, daß ein Protokoll als *Arbeitsgrundlage, Beweismittel, Dokument, Führungsinstrument, Informationsmittel und Urkunde* dient, also 6 Zwecke erfüllen kann.

1. Das Protokoll als Arbeitsgrundlage
In vielen Fällen bilden Protokolle die Grundlage für das weitere Vorgehen. So entstehen beispielsweise Verträge und Geschäftsberichte auf Grund entsprechender Protokolle. Aber auch Verhandlungsvorbereitungen werden davon abgeleitet. In den meisten Fällen basieren wichtige Entscheidungen auf verbindlichen Protokollnotizen.

2. Das Protokoll als Beweismittel
Als Beweismittel dient das Protokoll dem Vorsitzenden dann, wenn Grundsatzentscheidungen oder Beschlüsse bestritten werden. Sobald in der nächsten Sitzung offiziell genehmigt, stellt das Protokoll eine Rechtsgrundlage dar:
- Entscheidungen
- Aufträge
- Kompetenzen

- Abmachungen
- Bewilligungen

sind jetzt urkundlich verankert. Das unterzeichnete Protokoll ist verbindlich.

3. Das Protokoll als Dokument

Jedes Dokument ist ein Beweisstück. Viele Dokumente gleicher Art bilden eine Einheit – eine Dokumentation. Protokolle der Abteilungsleiterkonferenzen werden daher aufbewahrt. Daraus läßt sich jederzeit feststellen, was, wann, wo und auf Antrag von wem wie beschlossen worden ist. Eine Protokolldokumentation hat auch betriebswirtschaftlich einen hohen Stellenwert.
Sie muß vollständig, aktuell und geordnet aufgebaut sein. So dient sie Ihnen auch als Chronik.

4. Das Protokoll als Führungsinstrument

Wenn ein Vorgesetzter seine Mitarbeiterinnen und Mitarbeiter zu einer Sitzung einlädt, hat er sich bestimmte Ziele gesetzt. Beispielsweise will er über ein Problem diskutieren lassen, Argumente sammeln, Ideen kennenlernen, Vorschläge entgegennehmen und andere Ansichten anhören, bevor er maßgebende Entscheidungen trifft. Dieses Vorgehen ist in jedem Betrieb sinnvoll. Der kooperative Führungsstil gehört heute zum Instrumentarium eines qualifizierten Chefs.
Das Protokoll enthält alle Aussagen und Vorschläge und ist deshalb eine wichtige Arbeitsgrundlage. Der Vorgesetzte kennt nun die Ansichten seines Mitarbeiterstabes und kann sie in seine Entscheidungen einbeziehen.
Im Protokoll sind aber auch Aufträge und Termine verankert, die für alle Beteiligten verbindlich sein müssen. So dient ein Protokoll auch zur Terminüberwachung – für die Ausführenden und die Chefsekretärin.

5. Das Protokoll als Informationsmittel

In Vereinsvorständen und Organisationen bildet das Protokoll meist die Grundlage für weitere Sitzungen. Es wird vor der nächsten Verhandlung vorgelesen und genehmigt.

In Mittel- und Großbetrieben aber, wo täglich, wöchentlich und monatlich Sitzungen und Konferenzen abgehalten werden und der Informationsfluß in verschiedene Richtungen läuft, ist der Informationsbedarf einzelner Stellen recht unterschiedlich. Das Protokoll wird deshalb verschiedenen Mitarbeitern »z. K.« (zur Kenntnisnahme) zugestellt, was nach einer bestimmten Informationsmatrix (= Verteilerplan) geschieht. Aus dem Verteilervermerk auf der letzten Protokollseite muß hervorgehen, wer das Protokoll als *Auftrag* erhält, wer zur *Kenntnisnahme:*

Beispiel   z. Hd.
- K. Walter, Abt. 0052
- A. Weiler, Abt. 0058
- E. Zey, Abt. 0099
- M. Zoller, Abt. 0120

z. K.
- Geschäftsleitung
- Verwaltungsratsvorsitzender

6. Das Protokoll als Urkunde
Eine Urkunde ist ein Beweisstück. Urkunden spielen im Geschäftsleben eine wichtige Rolle. Während Käufe von Grundstücken und Liegenschaften öffentlich beurkundet werden, betreffen Dienst- und Kaufverträge meist nur die beteiligten Parteien. Bei Rechtsgeschäften verschiedenster Art stellt die Urkunde selbst das Protokoll dar. Beispiele: Firmengründungen, Beförderungen von Mitarbeitern, Statutenänderungen usw.
Aus Beispielen im Alltag geht klar hervor, daß zahlreiche Protokolle wichtige Urkunden sind. Das Protokoll wird jedoch erst zur Urkunde, wenn das Schriftstück die Unterschriften des Schriftführers und des Vorsitzenden trägt und es von allen an der Sitzung Beteiligten genehmigt worden ist. Diese »Beurkundung« erfolgt stets in der nächsten Sitzung bei Tagesordnungspunkt 1: »Genehmigung des Protokolls der Sitzung vom . . .«.

77

Schluß eines Protokolls

Vorsitzender: Schriftführer:

A. Martin   *P. Koller*

A. Martin   P. Koller

z. Hd.
- aller OK-Mitglieder
- Quartieramt

z. K.
- Ehrenvorsitzender
- Ehrenmitglieder

Das Wichtigste in Kürze

1. Die Protokollführung ist mancherorts unbeliebt, weil vielen Leuten die Erfahrung fehlt und sie deshalb unsicher sind.
2. Wer als Schriftführer bestimmt wird, übernimmt eine wichtige und verantwortungsvolle Aufgabe.
3. Das Protokoll ist eine Berichtsform, mit der ein Verhandlungsablauf oder die Beschlüsse einer Konferenz mehr oder weniger gerafft schriftlich festgehalten werden.
4. In der Praxis gibt es zahlreiche Protokollarten – je nach Informationsbedarf.
5. Jedes Protokoll muß eine informative Überschrift tragen.
6. Ein Protokoll kann 6 Zwecke erfüllen: Es dient als
   - Arbeitsgrundlage
   - Beweismittel
   - Dokument
   - Führungsinstrument
   - Informationsmittel
   - Urkunde
7. Jedes Protokoll muß vom Schriftführer und vom Vorsitzenden unterschrieben werden und einen Verteilervermerk tragen.
8. »z. Hd.« betrifft die Auftragsempfänger, »z. K.« die Kenntnisnehmer.

Kontrollfragen
(Die Antworten finden Sie auf Seite 134)

1. Erklären Sie den Begriff <u>Protokoll:</u>

   ....

   ....

2. Zählen Sie 6 Protokollarten aus dem Alltag auf:
   - ....
   - ....
   - ....
   - ....
   - ....
   - ....

3. Welche 6 Zwecke kann ein Protokoll erfüllen?
   - ....
   - ....
   - ....
   - ....
   - ....
   - ....

4. Beschreiben Sie kurz das Protokoll, das als Arbeitsunterlage
   dienen soll:

   ....

   ....

Aufgaben:
- Studieren Sie ein Protokoll und prüfen Sie, ob es in zweck-mäßiger Form abgefaßt ist und seinen Zweck auch erfüllt.
- Beobachten Sie den Protokollführer/Schriftführer während einer Konferenz:
  - Hat er sich auf seine Arbeit vorbereitet?
  - Nach welcher Arbeitstechnik geht er vor?
  - Wie verhält er sich bei Unklarheiten?
- Prüfen Sie in Ihnen zugänglichen Protokollen, ob der Verteilervermerk sowie die Unterschriften des Schriftführers und des Vorsitzenden vorhanden sind.

Verschiedene Protokollarten

Wer als Protokollführer eingesetzt wird, muß sich sofort fragen, *wie ausführlich* der Verhandlungsablauf festzuhalten ist, *in welcher Form* das Protokoll vorliegen muß und ob *belanglose Diskussionen* und zermürbende Auseinandersetzungen ebenfalls festzuhalten sind.

Grundsätzlich muß das Protokoll *den Informationsbedarf abdecken*. Daraus ergibt sich eigentlich die Art des Protokolls. Die bisher gepflegte Protokollform ist nicht immer die zweckmäßigste. Prüfen Sie die Bedürfnisse, dann sehen Sie alsbald klar. Vorerst aber lesen Sie die Erklärungen zu den heute zweckmäßigsten Protokollarten.

Das Beschlußprotokoll

Neben dem üblichen Protokollkopf enthält das Beschlußprotokoll lediglich gefaßte *Beschlüsse und Aufträge*. Randbemerkungen, Beratungen und Diskussionen brauchen Sie hier nicht aufzuführen. Auch die Hintergründe einzelner Beschlüsse werden nicht festgehalten.

Protokollauszug:

1. Protokoll Nr. 34 vom 14. 05. . .
   Die Kommission stimmt zu.
2. Rechnungsabschluß 30. 06. . .
   Die Gewinn- und Verlustrechnung ergibt ein Defizit von
   DM 58 520,50.
3. Revisorenbericht
   F. Lübcke erläutert das Vorgehen der Treuhandgesellschaft und begründet den Antrag, den alle Mitglieder gut-
   heißen.

> *Vorteile:*
  - Gute Übersicht
  - Rasche Information
  - Geringer Arbeitsaufwand
  - Kurz und klar

> *Nachteile:*
  - Keine Hintergrundinformationen
  - Für Außenstehende ungenügend
  - Für den Schriftführer oft schwierig, wenn bestimmte
    Beschlüsse wörtlich formuliert werden müssen.

> *Einsatzbereiche:*
  - Arbeitssitzungen
  - Besprechungen in kleinen Gremien

Sonderhinweis:
Der Protokollführer kann ein Taschendiktiergerät einsetzen
und am Schluß eines Besprechungspunktes das im Protokoll
erscheinende Ergebnis wörtlich vortragen.
So haben alle Anwesenden die Gewißheit, daß die Beschlüsse
richtig protokolliert werden. Allerdings muß der Vorsitzende
mit diesem Vorgehen einverstanden sein.

Das Stichwortprotokoll

Wer sich *Notizen in Stichworten* macht, schafft sich eine Gedankenstütze. Die Schlüsselwörter führen beim Lesen schließlich zur vollständigen Information. Eine Stichwortliste zum Beispiel kann als Hilfsmittel durchaus genügen, wenn der Leser die Zusammenhänge genau kennt.

Beispiele: ☐ Aktennotiz (Checkliste)
- Tag
- Zeit
- Besprechung mit
- Thema
- Ergebnis der Verhandlung
- Unterschrift

☐ Aus der Praxis
- 07.09...
- 13.30–17.00 Uhr
- Besprechung mit Herrn W. Minder,
  Chef Güterexpedition, 6300 Gießen
- Transportschaden:
  Schreibmaschinen »brother« CE-70
  Lieferung vom 02.09... aus Tokio
- – Schreibmaschinen sachgemäß verpackt
- – Verpackung während Transport beschädigt
- – Bahn verantwortlich für Schaden
- – Bahn übernimmt Schaden
- – Rechnung stellen bis 15.09...
- W. Minder, Chef Güterexpedition Gießen

Wenn wir das Protokoll als Sitzungsunterlage verwenden, genügt grundsätzlich ein Stichwortprotokoll. Allerdings sollten die verwendeten Stichwörter treffend und klar formuliert sein.
Die Stichwörter sind als »Eselsbrücken« zu verstehen und müssen Aufschluß über folgende Fragen geben:

Wer? → Wann? → Wo? → Weswegen? → Wie lange?
. . . zusammengekommen ist.

Protokollauszug:

1. <u>Protokoll Nr. 34 vom 14.05. . .</u>
   genehmigt
2. <u>Rechnungsabschluß 30.06. . .</u>
   Defizit: DM 58 520,50
3. <u>Revisorenbericht</u>
   einstimmig angenommen

> *Vorteile:*
   – Kurz
   – Rasche Information
   – Geringer Arbeitsaufwand

> *Nachteile:*
   – Keine Hintergrundinformationen
   – Für Außenstehende ungenügend
   – Sprachlich wenig anspruchsvoll

> *Einsatzbereiche:*
   – Arbeitssitzungen
   – Besprechungen
   – Verhandlungen
   – Untersuchungen

Sonderhinweis:
Stichwortprotokolle sind einfacher zu verfassen, wenn der
Schriftführer über genaue <u>Sachkenntnisse</u> verfügt und ein
zweckmäßiges <u>Protokollformular</u> verwendet.

Aufgabe:
Überlegen Sie, wo Stichwortprotokolle in Ihrem Arbeitsbe-
reich sinnvoll wären.
Wägen Sie die Vor- und Nachteile genau ab.

> *Pro Memoria*
> Wer an der Oberfläche schwimmt, findet keine Perlen.
> Gehen Sie den Dingen auf den Grund!

Das Kurzprotokoll
(zusammenfassendes Protokoll)

Diese Protokollart treffen wir in der Praxis oft an, weil sie alle Anforderungen erfüllen kann:
- Verhandlungsablauf
- Schwerpunkte
- Schlüsselgedanken
- Gegenüberstellungen
- Beschlüsse

sind im Kurzprotokoll enthalten, wobei es dem Schriftführer überlassen ist, die Ausführlichkeit dort zu beschneiden, wo es ihm sinnvoll und wünschenswert erscheint. Deshalb stellt diese Protokollart *hohe Ansprüche* an den Schriftführer. Er muß sich in der Materie auskennen und die Erwartungen aller Sitzungsteilnehmer kennengelernt haben, um genau zu wissen, wie kurz sein Kurzprotokoll überhaupt sein darf. Hier gilt das Rezept: So wenig wie möglich, so viel wie nötig! Daß in dieser Forderung auch gewisse Gefahren lauern, dürfte Ihnen sofort einleuchten; denn wer Akzente selbständig setzen kann, ist bald nicht mehr neutral. Willkür macht oft und überall verdächtig.

Das Kurzprotokoll erfordert viel *Übung und sprachliches Können*. Hier liegt auch eine Chance für Sie, wenn Sie oft Zusammenfassungen schreiben und sich so daran gewöhnen, Wesentliches rasch zu erkennen und gekonnt festzuhalten.

Wer ein gutes Kurzprotokoll verfassen will, muß objektiv denken und urteilen können, über ein qualifiziertes Fachwissen verfügen, sich über längere Zeit konzentrieren können – vor allem jedoch *Wesentliches von Unwesentlichem zu unterscheiden vermögen*.

Vergessen Sie nicht: Ein Kurzprotokoll muß ja – das Wort sagt es schon – wirklich <u>kurz</u> sein.

84

Das Kurzprotokoll enthält alle Informationen, die auch ein Außenstehender (»z. K«) haben muß, wenn er sich über den Verlauf einer Konferenz orientieren lassen will.
Die Kernfrage ist allerdings, ob alle Voten mit ausführlicher Namensnennung notwendig sind. In der Praxis trifft man verschiedene Verfahrensweisen an:

Beispiel 1: Der Vorsitzende schlägt vor, für diese Sonderaufgaben einen neuen Mitarbeiter einzustellen.«

Beispiel 2: »Der Vorsitzende, Gottfried Kösel, schlägt vor, für diese Sonderaufgaben einen neuen Mitarbeiter einzustellen.«

Beispiel 3: »G. Kösel schlägt vor, für diese Sonderaufgaben einen neuen Mitarbeiter einzustellen.«

Beispiel 4: »G. K.: Für diese Sonderaufgaben müßten wir einen neuen Mitarbeiter einstellen.«

Beispiel 5: »TG, MB, IK und OP unterstützen den Antrag GK, für diese Sonderaufgaben einen neuen Mitarbeiter einzustellen.«

In den Beispielen 4 und 5 bestehen intern *offizielle Kürzel* für alle Mitarbeiter, so daß Mißverständnisse ausgeschlossen werden können. Im Protokollkopf (»Anwesend«) sind die Kürzel hinter den ausgeschriebenen Namen der Klarheit wegen nochmals aufgeführt: Müller, Erich (Mü).
Im Kurzprotokoll sollten Sie *Stichwörter* (Schlüsselwörter) zweckmäßig *hervorheben* (durch Unterstreichen, Fett- oder Kursivschrift).

Protokollauszug:

---

1. Protokoll Nr. 34 vom 14.05. . .
   Dieses wurde – wie üblich – allen Kommissionsmitgliedern mit der Einladung zur heutigen Sitzung zugestellt.
   I. Kohn wünscht noch eine Auskunft zu Tagesordnungspunkt 8 (Anträge an die Geschäftsleitung) und entschuldigt sich nachträglich dafür, daß er an der Sitzung vom 14. 05. nicht teilnehmen konnte.
   Das Protokoll Nr. 34 wird einstimmig genehmigt.

---

2. Rechnungsabschluß vom 30. 06. ...
   Unser Kassierer, E. Eglé, erläutert die Einzelheiten des
   Abschlusses vom 30. 06... und beantwortet Fragen ver-
   schiedener Kommissionsmitglieder.
   Die Gewinn- und Verlustrechnung ergibt erstmals ein
   Defizit: DM 58 520,50.
3. Revisorenbericht
   F. Lübke, stellv. Leiter, schildert das Vorgehen der
   Treuhandgesellschaft. Die Revision dauerte 10 Tage. Die
   Revisoren unter der Leitung von Dr. F. Binz unterbreite-
   ten der Geschäftsleitung einen 20seitigen ausführlichen
   Bericht. Das Budget liegt vor; es weist einen Gewinn von
   DM 20 000,– aus.
   Revisorenbericht und Budget werden einstimmig ange-
   nommen.

> *Vorteile:*
  – Optimale Information
  – Konzentrierte Form
  – Gute Wiedergabe
> *Nachteile:*
  – Hoher Zeitaufwand
  – Gutes Konzentrationsvermögen
  – Fundiertes Fachwissen
> *Einsatzbereiche:*
  – Abteilungskonferenzen
  – Geschäftsleitungssitzungen
  – Mitarbeiterkommissions-Sitzungen
  – Vorstandssitzungen
  – Komiteesitzungen
  – Abgeordnetenversammlungen

Sonderhinweise:
● Bereiten Sie sich gründlich auf die Sitzung vor, indem Sie
  die Unterlagen sorgfältig studieren.
● Bei Unklarheiten melden Sie sich sofort beim Vorsitzenden und lassen sich den Beschluß wenn nötig diktieren.

86

Das Vollprotokoll
(wörtliches Protokoll)

Das wörtliche Protokoll widerspricht eigentlich dem Begriff »Protokoll«, das im Grunde eine Zusammenfassung darstellt. Trotzdem müssen Sie es kennenlernen, weil es in der Praxis nach wie vor eine gewisse Bedeutung hat. In Parlamenten und auf Kongressen mißt man dem Vollprotokoll große Bedeutung zu; denn wichtige Debatten haben bei späteren Verhandlungen einen hohen Stellenwert. Daher kommt es in der Politik, bei wissenschaftlichen Veranstaltungen und im kaufmännischen Bereich oft auf jedes Wort an.

Das Vollprotokoll gibt den Verlauf einer Sitzung wörtlich wieder; der Protokollführer muß jedoch rhetorische Fehler und stilistische Unebenheiten während der Aufnahme ausgleichen. Als Ergebnis liegt ein Protokoll vor, das wortgetreu geführt worden ist und selbst Zwischenbemerkungen, Zwischenrufe und Zwischenfälle − beispielsweise »Pfeifen und Stampfen« − genau festhält.

Diese Protokollart verlangt höchstes Können. Der Schriftführer muß sicher und schnell stenografieren können (mindestens 200 Silben je Minute!) und über ein umfassendes Allgemein- und Fachwissen verfügen. − Weil qualifizierte Parlamentsstenografen vielerorts fehlten, verpflichtete man akademisch ausgebildete Redakteure, die über Mikrofone aufgenommene Verhandlungen nach der ersten Niederschrift redigierten. Spitzenstenografen könnten diese Arbeit allerdings rationeller verrichten; denn auch die besten technischen Einrichtungen vermögen den denkenden Stenografen niemals zu ersetzen.

Wenn Sie ein Tonbandgerät einsetzen, . . .
- müssen alle Sitzungsteilnehmer damit einverstanden sein,
- müssen Sie es auf besonderen Wunsch ausschalten,
- müssen Sie den Tonträger unter Verschluß aufbewahren,
- dürfen Sie den Tonträger erst löschen, wenn das Protokoll genehmigt worden ist.

Protokollauszug:

Vorsitzender Dr. M. Beer: Wenn keine Bemerkungen, Einwände oder Ordnungsanträge mehr vorliegen, gehen wir zu den einzelnen Tagesordnungspunkten über. Also:

1. Protokoll Nr. 34 vom 14. Mai 19..
   Sie alle, meine sehr verehrten Damen und Herren, haben dieses Protokoll – wie bisher übrigens immer – zusammen mit der Einladung zur heutigen 35. Sitzung vor ungefähr zwei Wochen per Post zugestellt bekommen. Haben Sie nun im Zusammenhang mit den Verhandlungen der letzten Sitzung noch irgendwelche Fragen, Einwände oder ergänzende Hinweise zu machen? –
   Ja, Herr Kohn, bitte! –
   I. Kohn: Herr Vorsitzender, meine sehr verehrten Damen und Herren! Im Protokoll der letzten Sitzung vom 14. Mai hätte ich im Zusammenhang mit dem Tagesordnungspunkt 8 – Anträge an die Geschäftsleitung – noch eine Bitte: Wäre es wohl möglich, daß diese Anträge an die Geschäftsleitung in Zukunft wörtlich genau – und nicht, wie dies geschehen ist, zusammengefaßt – protokolliert werden können? Dies hätte dann nämlich den Vorteil, daß die Sitzungsteilnehmerinnen und -teilnehmer den Wortlaut kennen. Und dies – finde ich – ist doch eigentlich hier von größter Bedeutung, nicht wahr? –
   Übrigens möchte ich mich bei dieser Gelegenheit noch in aller Form dafür entschuldigen, daß ich letztes Mal leider nicht in der Sitzung erscheinen konnte. Ein Kunde war nämlich mit einem wichtigen Anliegen bei mir, so daß ich mich nicht mehr rechtzeitig freimachen konnte. Diese Situationen kommen ja nicht so häufig vor. Der Gast war immerhin von auswärts angereist, weshalb ich ihn nicht mehr kurzfristig ausladen konnte. Ich nehme an, daß der Herr Vorsitzende dafür Verständnis aufbringt. –
   Vorsitzender Dr. M. Beer: Danke, Herr Kohn, für Ihren Beitrag. Ihre Bitte ist durchaus berechtigt und auch be-

88

gründet; aber ich möchte die Diskussion darüber freigeben. – (Keine Wortmeldung)
Ihre Bitte, Herr Kohn, werden wir uns in Zukunft merken. Auch ist Ihre Entschuldigung für die letzte Sitzung angenommen. Die Kunden haben selbstverständlich Vorrang. Es wäre aber vielleicht sinnvoll, wenn Sie in einem andern Fall – wenn Sie die Sitzung nicht besuchen können – Ihre Anträge Frau Mörike, meiner Sekretärin, telefonisch mitteilen könnten, damit wir Ihre Meinung auch in die Beschlußfassung mit einbeziehen könnten.
Gut. – Noch eine Wortmeldung zum Protokoll der letzten Sitzung? Wenn das nicht der Fall ist, gilt das Protokoll Nr. 34 als genehmigt, einstimmig genehmigt. Ich danke unserem Schriftführer, Herrn Gilbert Glaus, für seine wiederum tadellos ausgeführte Arbeit.

> *Vorteile:*
  – Einzelinformationen
  – Klarheit
  – Beweiskraft

> *Nachteile:*
  – Hoher Zeitaufwand (für den Protokollführer)
  – Geringe Übersicht
  – Aufwendige Verarbeitung (für den Leser)

> *Einsatzbereiche:*
  – Parlament
  – Wirtschaftsverbände
  – Studientagungen
  – Delegiertenversammlungen
  – Einvernahmen

Sonderhinweise:
● Wenn Sie ein Vollprotokoll aufnehmen müssen, sollten Sie die Redeschrift (Parlamentsstenografie oder Debattenkurzschrift) beherrschen.

89

- Bereiten Sie sich vor: Ein Vollprotokoll wird Ihnen sehr viel Arbeit bringen!
- Wer Debatten auf Tonband nimmt, muß mehrere Mikrofone aufstellen und die Aufzeichnung sachkundig überwachen.

Das Mischprotokoll

In der Praxis werden Sie die reine Protokollart − Beschluß-, Stichwort-, Kurz- oder Vollprotokoll − kaum antreffen. Vielmehr wird das sogenannte Mischprotokoll eingesetzt, das den wechselnden Bedürfnissen der sinnvollen Führung einer Kommission am ehesten entspricht. Daß dabei die *Mischung von Beschluß- und Kurzprotokoll* am sinnvollsten ist, liegt nahe. Vergessen Sie aber nie: Wir haben festgestellt, daß *die* Protokollart richtig ist, die den Zweck am ehesten erfüllt.

Grundsätzlich liegen die Schwerpunkte immer bei den Beschlüssen. Wo jedoch über die Beratungen berichtet werden soll, damit die Zusammenhänge die fehlenden Informationen vermitteln, muß wohl kurz und bündig mehr berichtet werden: Die Mischform drängt sich auf. Jetzt erfährt der Leser mehr über den Sitzungsverlauf und kann die einzelnen Beschlüsse rekonstruieren.

Der Schriftführer muß im Einvernehmen mit dem Vorsitzenden abklären, welche Informationsbedürfnisse das Protokoll abzudecken hat. Bei wichtigen Sitzungen wird es daher zweckmäßig sein, wenn Sie den ersten Protokollentwurf mit dem Vorsitzenden besprechen; denn letzten Endes kommt ein gutes Protokoll erst durch enge Zusammenarbeit zustande. − Nun wird Ihnen wohl allmählich klar, welche Bedeutung die Protokollführung hat und wieviel Wissen und Können dazu vorausgesetzt werden müssen.

Sie als Protokollführer müssen jedoch noch mehr wissen: Über den Verhandlungsablauf und die damit zusammenhängenden Fragen werden Ihnen die nächsten Seiten Auskunft geben.

Wichtige Fragen zur sprachlichen Form

1. Welche Zeitform?
Wenn immer möglich in der Gegenwart (Präsens).
Beispiel: R. Peter unterstützt den Kommissionsantrag.

2. Direkte oder indirekte Rede?
Die direkte Rede liest sich leicht und flüssig, weil sie einfach ist und überzeugt. Aber: Wenn Sie immer nur die direkte Rede verwenden, haben Sie bald ein wörtliches Protokoll.
Ob Sie die direkte oder die indirekte Rede verwenden, ist eine Frage der Form. Hier zählen oft das Maß und der gesunde Menschenverstand – je nach Situation.

Beispiele:

- <u>Direkte Rede</u>   Dr. Pfiffner: »Dieses Risiko dürfen wir keinesfalls eingehen.«

- <u>Indirekte Rede</u>   Dr. Pfiffner meint, daß wir dieses Risiko keinesfalls eingehen dürften.
  Dr. Pfiffner findet dieses Risiko eindeutig zu hoch.
  Dr. Pfiffner empfiehlt, dieses Risiko keinesfalls einzugehen.
  Dr. Pfiffner: Dieses Risiko dürften wir keinesfalls eingehen.

> Wichtig: Vermeiden Sie in der indirekten Rede Nebensätze!

> Also nicht so: G. Widmer erklärt, daß er sich mit diesem Vorschlag nicht einverstanden erklären könne.

> Sondern so: G. Widmer ist mit diesem Vorschlag nicht einverstanden.

3. Substantiv oder Verb?

Vermeiden Sie gestreckte Verben, umschreiben Sie nie mit Haupt- und Tätigkeitswort. In den Kanzleien schrieben die Beamten früher noch: »Selbstverständlich werden wir Ihr Gesuch einer Prüfung unterziehen.« – Heute schreibt man: »Selbstverständlich werden wir Ihr Gesuch prüfen.«

Wer sich einfach ausdrückt, schreibt ...

nicht:	sondern:
einen Antrag stellen	beantragen
den Dank aussprechen	danken
die Feststellung machen	feststellen
zur Kenntnis nehmen	beachten
in der Lage sein	können, vermögen
die Möglichkeit bieten	ermöglichen
eine Prüfung durchführen	prüfen
abändern	ändern
anempfehlen	empfehlen
aufzeigen	zeigen
überprüfen	prüfen
übersenden	senden

4. Veraltet oder zweckmäßig?

Veraltet und verstaubt sind Wörter und Ausdrücke, die eine Aussage aufblähen, verwässern oder unnötig verlängern. Sie wissen ja, daß Lesen Zeit kostet – und Zeit ist kostbar. Haben Sie also Respekt vor der Zeit Ihrer Leser!

Streichen Sie aus Ihrem Wortschatz:

Auftragserteilung	mittels
betreffs/betreffend	von seiten

92

gemäß   seitens

in Kürze   zwecks

Zweifle an allem — wenigstens einmal!

Nachdenkliches ...

- Es gibt Dinge, die man nicht schreibt.   (Napoleon)
- Man brauche gewöhnliche Worte und sage ungewöhnliche Dinge — nicht umgekehrt.   (Schopenhauer)
- Stil ist richtiges Weglassen des Unwesentlichen. (Feuerbach)
- Das Zuviel ist unanständiger als das Zuwenig.   (Cicero)
- Jede Art zu schreiben ist erlaubt, nur nicht die langweilige. — Ein tüchtiger Koch kann auch aus der zähesten Schuhsohle ein schmackhaftes Gericht machen.   (Voltaire)
- Getretner Quark wird breit, nicht stark.   (Goethe)
- Wörter sind Laternen:
  Steckt ein Licht hinein, und sie geben einen guten Schein.
      (Hebbel)
- Um an die Quelle zu kommen, muß man gegen den Strom schwimmen.   (Nietzsche)
- Nichts ist leichter als so zu schreiben, daß kein Mensch es versteht; wie hingegen nichts schwerer ist als bedeutende Gedanken so auszudrücken, daß jeder sie verstehen muß.
      (Schopenhauer)

Aufbau und Darstellung des Protokolls

Gebr. Mooser AG

① MAK – Mitarbeiterkommission

② Protokoll Nr. 88/346   Vertraulich
Sitzung vom 10. 10. 19..

③ Ort   Sitzungszimmer GD 43
  Zeit   14.00–17.30 Uhr
  Vorsitz   Dr. B. Hoppe, Präsident MAK

④ Anwesend   Frau F. Steinbeck   Abt A
                Frau D. Zuber   Abt B
                Herr E. Berner   Abt C
                Herr Th. Clemens   Abt D
                Herr U. Elsener   Abt E
                Herr E. Gantenbein   Abt F
                Herr Dr. F. Hartmann   Abt G
  Entschuldigt Frau Dr. S. Simonelli   Abt G
                Herr J. Thommen   Abt H
  Protokoll   Frau D. Zuber
⑤ Tagesordnung 1. xxxxxxxxxxxxxxxxx
                2. xxxxxxxxxxxxxxxx
                3. xxxxxxxxxxxxxxxxxxxxx

⑥ 1. XXXXXXXXXXXXXX
XXXXXXXXXXXXXXXXXXXXXXXXXXXXXXXXXXXXXXXXXXXXX
2. XXXXXXXXXXXXXXXX
XXXXXXXXXXXXXXXXXXXXXX XXXXXXXXXXXXXXXXXXXXXXXXX
XXXXXXXXXXXXXXXXXXXX XXXXXXXXXXXXXXXXXXXXXXXXX
3. XXXXXXXXXXXXXXXXXX
XXXXXXXXXXXXXXXXXXXXXXXXXXXXXXXXXXXXXXXXXXXXXXXXX
XXXXXXXXXXXXXXXXXXXXXXXXXXXXXXXXXXXXXXXXXXXXXXXX

⑦ Anlagen
– XXXXXXXXXXXXXX
– XXXXXXXXXXXXXX

⑧ 　　　　　　　　　　　　　Vorsitzender　Schriftführerin

Hoppe　Zube

　　　　　　　　　　　　　Dr. B. Hoppe　　D. Zuber

⑨ z. K.
– XXXXXXXXXXXXXXXXXXXXX
– XXXXXXXXXXXXXXXXXXXXX
⑩ 19..–10–12/DZ/emy

10 wichtige Hinweise für Sie

① ● Bezeichnung der Gesellschaft, der Kommission, der Organisation oder des Vereins
② ● Bezeichnung des Schriftstückes, Numerierung mit Jahr und fortlaufender Nummer
　● Überschrift »Besprechung«, »Konferenz«, »Sitzung« usw.
　● Klassifizierungsvermerk – nur, falls notwendig
③ ● Ortsbezeichnung
　● Verhandlungsdauer
④ ● Der Vorsitzende wird zuerst aufgeführt.
　● Teilnehmer alphabetisch aufführen, wobei die Damen die Liste anführen

- Experten und Gäste führen Sie anschließend auf.
- Entschuldigte und unentschuldigte Mitglieder müssen Sie erwähnen. Unter »unentschuldigt« führen Sie nur jemanden auf, der mehrmals ohne Meldung nicht erschienen ist.

(5)
- Die genaue Tagesordnung entnehmen Sie der Einladung. Die Reihenfolge dürfen Sie nicht verändern.
- Im Verlauf der Verhandlung beschlossene Änderungen im Verfahren gehören in den nachfolgenden Bericht.

(6)
- Die Tagesordnungspunkte bilden die Überschriften der einzelnen Geschäfte.
- Achten Sie stets auf eine klare, übersichtliche Textdarstellung!

(7)
- Die Anlagen zum Protokoll (Übersichten, Tabellen, Aufstellungen, Grafiken usw.) führen Sie einzeln auf. Sie sind Bestandteile der Berichterstattung.

(8)
- Schriftführer und Vorsitzender unterschreiben das Protokoll.

(9)
- Der Verteiler »z. K.« (= zur Kenntnisnahme) zeigt, welche sonstigen Stellen oder Personen das Protokoll erhalten.

(10)
- Das Protokoll schließt mit dem Datum der Ausfertigung (von der ISO – International Organization for Standardization – empfohlene Schreibweise) sowie den Kürzeln der ausführenden Mitarbeiter (Korrespondenzkürzel).

Sonderhinweise:
- Wer mit Protokollformularen arbeitet, muß sich möglicherweise einem andern Aufbau anpassen; doch ist dies nicht wichtig. Wichtig ist nur, daß gute Übersicht gewährleistet ist.
- Bringen Sie System in Ihre Protokolldarstellung!

Das Wichtigste in Kürze
1. Je nach dem Zweck des Protokolls (ein Protokoll muß bestimmte Bedürfnisse abdecken) wählen Sie die entsprechende Protokollart.
2. Wir unterscheiden *5 Protokollarten:*
   - Beschlußprotokoll
   - Stichwortprotokoll
   - Kurzprotokoll (zusammenfassendes Protokoll)
   - Vollprotokoll (wörtliches Protokoll)
   - Mischprotokoll (Mischung von Beschluß- und Kurzprotokoll)
3. Das Beschlußprotokoll eignet sich bei Besprechungen im kleinen Kreis.
4. Das Stichwortprotokoll enthält Schlüsselwörter, die den Leser gedanklich zu den Hintergrundinformationen führen soll (Checkliste).
   Wichtige Informationen werden – auch elliptisch formuliert – im Telexstil abgefaßt. (Ellipsen sind grammatisch unvollständige Sätze. Dabei werden Satzglieder oder Einzelwörter, die zum Verständnis eines Satzes nicht unbedingt erforderlich sind, weggelassen. Beispiele: Gute Reise! – Jetzt an den Winter denken! – Achtung auf den Zug!)
5. Das Kurzprotokoll ist die verbreitetste Protokollart. Es zeigt den Verhandlungsablauf, enthält Schwerpunktinformationen und stellt Beschlüsse dar – wenn nötig sogar wortgetreu.
6. Das Vollprotokoll ist heute weitgehend verschwunden, weil es an den Protokollführer hohe Anforderungen stellt (sehr gute Kenntnisse in Stenografie). Immerhin treffen Sie es noch im Parlament, bei wichtigen Verhandlungen von Wirtschaftsverbänden und -organisationen sowie bei Einvernahmen an.
7. Wenn Sie für Ihre Protokollarbeitstechnik ein Tonband einsetzen wollen, benötigen Sie das Einverständnis aller Sitzungsteilnehmer.

8. Das Mischprotokoll ist eine Verflechtung von Beschluß- und Kurzprotokoll. Sie entdecken darin auch Spuren des Voll- und Stichwortprotokolls. Es ist daher in vielen Fällen zu empfehlen.
9. Die Schwierigkeit im Mischprotokoll liegt darin, daß der Schriftführer die Schwerpunkte in eigener Verantwortung setzt und deshalb Wesentliches von Unwesentlichem unterscheiden muß.
10. Jedes Protokoll muß systematisch aufgebaut werden, wobei eine übersichtliche, klare Textdarstellung zu berücksichtigen ist.
11. Zweckmäßige Protokollformulare erleichtern die Arbeit sehr und ermöglichen einen guten Überblick.

Kontrollfragen
(Die Antworten finden Sie auf Seite 134)

1. Wonach richtet sich die Protokollart?
2. Nennen Sie 2 Vorteile des Beschlußprotokolls.
   –
   –
3. Wann genügt auch ein Stichwortprotokoll?
4. Wie wird das Kurzprotokoll auch bezeichnet?
5. Weshalb ist ein Kurzprotokoll schwierig zu verfassen?
6. In welcher Zeitform schreiben Sie ein Protokoll?
7. Vereinfachen Sie:
   – einen Antrag stellen. . . . .

   – die Feststellung machen. . . . .

   – in der Lage sein. . . . .

   – abändern. . . . .

   – übersenden. . . . .

Aufgaben:

● Setzen Sie mit Hilfe der folgenden ungeordneten Angaben den Protokollkopf zusammen:

Vorsitz: Fritz Wartenweiler, Präsident VR

Protokoll: Hans Walder, Abt. 56

Entschuldigt: Thomas Rüegg, Abt. 89; Barbara Egli, Abt. 2;

Verena Liggenstorfer, Abt. 01; Rolf Weber, Abt. 44.

Tagesordnung: 1. Protokoll der Sitzung vom 23. 05. 19..; 2. Wahl eines Delegierten in die Geschäftsleitung; 3. Jubiläumsveranstaltung in Konstanz; 4. Verschiedenes.

WALT AG – Arbeitnehmerkommission.

Anwesend: Herbert Weilenmann, Abt. 34; Eduard Ruch, Abt. 56; Andreas Meyer, Abt. 39; Bruno Rechsteiner, Abt. 08; Dr. Peter Haller, Abt. 87; Frau Linda Waller, Abt. 98; Frau Corinne Gretler, Abt. 88; Frau Vera von Grüniggen, Abt. 36.

Ort: Sekretariat GL 468

Zeit: 14.00–15.40 Uhr.

Protokoll Nr. 88/435 – Sitzung vom 10. 06. 19..

Das Schema für Ihre Angaben finden Sie auf der folgenden Seite!

● Kopieren Sie eine Seite Ihres letzten Protokolls und bearbeiten Sie die Darstellung so, daß der Leser den Text rascher überblicken kann (Blockdarstellung).

Aufbau und Darstellung des Protokolls (Protokollkopf)

> <u>Hinweis</u> Beachten Sie das Aufbauschema auf Seite 94!

Bau-Steine ...

> *Auf weichen Kissen erwirbt man kein hohes Wissen!*

Goldene Schreibregeln

Regel 1: Ein übersichtlich und zweckmäßig dargestellter Text ist schneller lesbar. Das Wesentliche ist auf einen Blick erfaßbar.

Regel 2: Vor dem Arbeitsbeginn überprüfen Sie:
- Farbbandfunktion
- Farbzonenschalter
- Randsteller
- Schriftart
- Zeilenabstand
- Tabulatorfunktion

Regel 3: Wenn Sie einen Vordruck verwenden, werden Sie Randsteller, Schrifttyp und Zeilenabstand entsprechend vorbereiten.

Regel 4: Für neue Textabschnitte schalten Sie 2 × 1.

Regel 5: Achten Sie stets auf einen harmonischen Rand rechts. Halten Sie ihn etwa 2 cm breit.

Regel 6: Wichtige Textteile heben Sie sinnvoll hervor:
- Unterstreichen oder/und Sperren im Fließtext
- Großschrift (Versalien)
- Veränderung des Schriftbildes (Fettdruck, Schrifttyp)
- Sonderzeile

Regel 7:   Die übliche Blockdarstellung nach der bekannten Formel EIKLAN (= einfach, klar, anschaulich) bietet 3 Vorzüge:
- zweckmäßige Aufteilung des Textes in Gedankenblöcke,
- rasche und gute Übersicht (= leichte Lesbarkeit),
- folgerichtige Gliederung.

Regel 8:   Schreiben Sie Ihre Texte erst dann ins reine, wenn Sie sie sprachlich überarbeitet haben:
- Unwesentliches entfällt
- Sätze von unnötigem Ballast entrümpeln
- Information straffen

Regel 9:   Berichte und Protokolle erscheinen oft in einer häßlichen äußeren Aufmachung. – Sorgen Sie dafür, daß Ihre Texte sauber, übersichtlich und klar dargestellt sind. So betreiben Sie Imagepflege!

Regel 10:   Vergessen Sie am Schluß nie, die Anlagen und Empfänger zu erwähnen.
Ob Aktennotiz, Bericht oder Protokoll:
Jedes Schriftstück trägt Ihre Unterschrift.
Allenfalls sind weitere Unterschriften nötig.

Textmuster aus der Praxis

1. Einladungen

DSSV
Deutschschweizerischer Sprachverein
Geschäftsstelle: Alpenstraße 7, CH−6004 Luzern

Einladung
zur
Jahresversammlung 19..

Samstag, 20. April 19.., 14.30 Uhr
Hotel Schweizerhof, Bahnhofquai, Olten
Traktanden (= Tagesordnung)
1 Jahresbericht des Präsidenten
2 Berichte der Ortsgruppen
3 Jahresrechnung 19.. und Voranschlag 19..
4 Revisorenbericht
5 Wahlen
   − des Präsidenten
   − des Vorstandes
   − der Revisoren
6 Verschiedenes

7 Vortrag von Herrn Prof. Dr. R. Hinderling, Bayreuth
»Bayern zwischen Hochdeutsch und Mundart«
Unsere Jahresversammlung ist eine Veranstaltung, die allen
Mitgliedern offensteht, also nicht nur denen des Dachverban-
des, sondern auch denen der Ortsgruppen.
Wir freuen uns auf eine rege Teilnahme.
DSSV
Deutschschweizerischer Sprachverein
Präsident
Dr. Hermann Villiger

Kaufmännische Gesellschaft Wiesbaden
Sekretariat: Dieselstraße 11, 6200 Wiesbaden

---

02. 04. 19..
Einladung
zur
Generalversammlung

Freitag, 16. Mai 19.., 19.30 Uhr
Aula der Handelsschule Wiesbaden
Opelstraße 34
Tagesordnung
1 Wahl der Stimmenzähler
2 Protokoll der ordentlichen GV vom 10. 05. ..
3 Jahresbericht des Präsidenten
4 Genehmigung der Jahresrechnung 19.. und des Revisoren-
berichts
5 Beschlußfassung über die Verwendung des Überschusses
6 Budget 19..
7 Mitgliederbeiträge 19..
8 Wahlen
81 Ergänzungswahl in den Vorstand
82 Zusatzwahl von 2 Vertretern in den Aufsichtsrat der
Handelsschule Wiesbaden

9 Jubiläum 100 Jahre KGW am 11. 11. 19..
  Wahl eines Organisationskomitees
10 Anträge und Verschiedenes

> Anträge zu Händen der GV sind bis spätestens 15. 04. ..
  schriftlich an den Vorstand einzureichen.
> Protokoll Das Protokoll der GV vom 10. 05. .. liegt im
  Sekretariat zur Einsichtnahme auf.

Mit freundlichen Grüßen
KGW
Kaufmännische Gesellschaft Wiesbaden
Der Präsident
Johann H. Steinmetz

BODENSEE-TOGGENBURG-BAHN
BT

Einladung
zur
Ordentlichen Generalversammlung

Donnerstag, 26. Juni 19.., 15.30 Uhr
im Kongreßhaus Thurpark, CH−9630 Wattwil

Traktanden
1 Geschäftsbericht und Rechnung 19..
2 Wahlen
3 Verschiedenes

Gegen schriftliche Angabe der Aktiennummern ab 10. Juni
bis spätestens 23. Juni 19.. erhalten die Aktionäre von der Abteilung Finanz- und Rechnungswesen der BT (Postfach 380,
CH−9001 St. Gallen) eine Zutrittskarte als Stimmfähigkeits-
ausweis sowie den Geschäftsbericht.

Die Zutrittskarte berechtigt am 26. Juni 19.. zur freien Fahrt
auf der BT (Romanshorn – St. Gallen – Wattwil – Nesslau
– Neu St. Johann).
Der Verwaltungsrat
BODENSEE-TOGGENBURG-BAHN

2. Protokolle

A. Stichwortprotokoll

SLRG
Schweizerische Lebensrettungs-Gesellschaft
Sektion Thun

19..–11–20

Protokoll Nr. 87/34
Generalversammlung vom 14. 11. 19..

Ort	Bootshaus Thun, Seestraße
Zeit	20.00–22.30 Uhr
Vorsitz	Willy Kihm, Präsident
Anwesend	40 Mitglieder
	2 Gäste
	(siehe Präsenzliste)
Protokoll	Heinz Meister, Aktuar
Traktanden	1 Protokoll der GV vom 20. 11. 19..
	2 Bericht
	– des Präsidenten
	– des Kurschefs
	– des Trainingsleiters
	3 Jahresrechnung 19..
	4 Budget 19..
	5 Revisorenbericht
	6 Jahresbeiträge

7 Neuwahlen
8 Verschiedenes

---

1 <u>Protokoll der GV vom 20. 11. 19..</u>
  genehmigt
2 <u>Bericht</u>
  – des Präsidenten   angenommen
  – des Kurschefs   angenommen
  – des Trainingsleiters   angenommen
3 <u>Jahresrechnung 19..</u>
  zugestimmt
4 <u>Budget 19..</u>
  genehmigt
5 <u>Revisorenbericht</u>
  angenommen
  Zuweisung des Reingewinns an Jubiläumsfonds
6 <u>Jahresbeiträge</u>
  wie bisher
7 <u>Neuwahlen</u>
  – Rücktritte   H. Schnyder, Jugendobmann
                            G. Gyhr, Materialwart
                            Th. Hollenstein, Kursleiter
  – Neuwahlen   H. Gehrig, Jugendobmann
                            F. Dittli, Materialwart
                            H. Störi, Kursleiter
8 <u>Verschiedenes</u>
  – Der Vorstand erwartet mehr Unterstützung.
  – Jubläumssammlung geplant
  – Jubiläumsschwimmen im August 19..
  – Nächste GV: 26. 11. 19..
<u>Beilagen</u>
– Rechnungsabschluß   Präsident   Protokollführer
– Tätigkeitsprogramm   (= Vorsitzender)
<u>Verteiler</u>   W. Kihm   H. Meister
– Ehrenpräsident
– Zentralpräsident

B. Kurzprotokoll (Zusammenfassendes Protokoll)

BAK
Betriebs- und Angestellten-Kommission
Wacker AG, 4050 Mönchengladbach

30. 06. 19..

Protokoll Nr. 89/09
Gemeinsame Sitzung vom 27. 06. 19..

Ort	Kantine Bachstraße 40
Zeit	15.00−17.00 Uhr
Vorsitz	A. Eggli, Präsident BAK
Anwesend	Frau S. Wyland, Sekretariat GL
	Dr. A. Blum, GL
	Dr. B. Sichler, GL
	H. Thomann, GL
	E. Meyer, GL
	R. Glaus, BAK
	P. Hauser, BAK
	J. Koblet, BAK
	W. Kunz, BAK
Entschuldigt	A. Sollberger, GL
	F. Guisan, BAK
Protokoll	Frau B. Böker, Assistentin GL
Tagesordnung	1. Protokoll der Sitzung vom 02. 05. 19..
	2. BVG
	3. Varia

1. Protokoll der Sitzung vom 02. 05. 19..
   Das Protokoll Nr. 89/08, das allen Mitgliedern − zusam-
   men mit den Sitzungsunterlagen − am 15. Juni zugestellt
   worden ist, wird einstimmig genehmigt.
   A. Eggli dankt der Schriftführerin für die ausgezeichnete
   Arbeit.

108

2. BVG
   Vorgehen:
   a) Reglement über die prämienfreie Kapitalversicherung
   b) Vorsorgereglement
   a) Reglement über die prämienfreie Kapitalversicherung
   Art. 2: Verwaltung der Personalversicherung
   P. Hauser möchte wissen, wie die frühere Personalversicherung verwaltet worden ist.
   A. Eggli: Die frühere Personalversicherung ist durch einen nicht paritätischen Stiftungsrat verwaltet worden. Dies ist auch heute noch so. Hingegen wird die Versicherung nach BVG durch einen paritätischen Stiftungsrat verwaltet.
   Art. 3: Versicherungsvertrag
   P. Hauser fragt, weshalb die alte Personalversicherung nicht in die neue einbezogen worden sei.
   A. Eggli: Die »International« hat verschiedene Vorschläge ausgearbeitet – mit und ohne Einbezug der bisherigen Personalversicherung. Die Geschäftsleitung hat die Angelegenheit genau beraten und festgestellt, daß es zu Beginn vorteilhaft sei, die alte Personalversicherung nicht zu integrieren. Wenn sich später Vorteile für die Arbeitnehmer zeigen sollten, könne man die prämienfreie Kapitalversicherung immer noch einbauen.
   Art. 10: Auszahlungsart fälliger Versicherungsleistungen, Erfüllungsort
   W. Kunz: In welcher Form kann das Geld bezogen werden?
   A. Eggli sieht hier drei Möglichkeiten:
   – als Kapitalabfindung
   – in Raten
   – in Form von Renten
   Art. 15: Unabtretbarkeit, Unverpfändbarkeit
   Dieser Artikel widerspricht der Aussage von Dr. B. Sichler.

Die Kommissionen beantragen, diesen Artikel dem Artikel 10, Absatz 2, des Vorsorgereglements gleichzustellen.

Art. 16: Inkrafttreten und Änderungen

A. Eggli: Jede versicherte Person erhält ein Merkblatt. Das Reglement über die prämienfreie Kapitalversicherung soll nicht abgegeben werden.

Art. 16 in Neufassung:

»Dieses Reglement tritt am 01. Januar 19.. in Kraft und wird jeder nach Art. 6 versicherungsberechtigten Person in Form eines gekürzten Merkblattes übergeben. – Dies unter Berücksichtigung der Bemerkung am Schluß des Merkblattes, daß Rechtsverbindlichkeit nur das vollständige Reglement hat.«

b) Vorsorgereglement

J. Koblet erkundigt sich nach den »Haftpflichtleistungen des Arbeitgebers oder eines Dritten«.

Er möchte wissen, wer diese Drittperson ist.

E. Meyer: Dabei handelt es sich um eine weitere Versicherung des Versicherungsnehmers. – Etwaige Lohnzahlungen des mutmaßlich entgangenen Einkommens dürfen 90 % nicht übersteigen.

Art. 23: Überschußverwendung

A. Eggli wünscht Auskunft über die künftige Aufteilung der Überschüsse.

H. Thomann verweist in diesem Zusammenhang auf Art. 13, Absatz 2.

Dr. B. Sichler: Die Überschüsse werden dem Fonds zugewiesen und nach Bedarf als freiwillige Renten ausgerichtet.

P. Hauser glaubt jedoch, daß dies nach dem Vorsorgereglement, Art. 23, nicht mehr möglich sei. Deshalb beantragt er, Art. 13, Absatz 2, sowie die Art. 22 und 23 zu überprüfen.

Art. 27: Inkrafttreten

P. Hauser schlägt vor, diesen Artikel zu ändern, da die

versicherungsberechtigten Mitarbeiter nur ein Merkblatt über das Vorsorgereglement erhalten.

Der neue Text lautet:

»Dieses Reglement tritt mit dem 01. Januar 19.. in Kraft und wird jeder in die Personalvorsorge aufgenommenen Person in Form eines gekürzten Merkblattes übergeben. – Dies unter Berücksichtigung der Bemerkung am Schluß des Merkblattes, daß Rechtsverbindlichkeit nur das vollständige Reglement hat.«

Allgemein herrscht die Ansicht vor, daß man trotz etwaiger Änderungen beider Reglemente den Versicherungsnachweis, das Merkblatt über die prämienfreie Kapitalversicherung sowie das Merkblatt über die Personalvorsorge den Mitarbeiterinnen und Mitarbeitern verteilen sollte.

3. Varia

Die Frage von R. Glaus, ob Versicherungsausweise und Merkblätter noch vor den Betriebsferien verteilt werden, kann die Geschäftsleitung einstweilen nicht beantworten. – Dr. A. Blum wird sich jedoch darum bemühen.

Der Präsident, A. Eggli, dankt den Herren der Geschäftsleitung sowie allen Mitgliedern der BAK für die angenehme, ersprießliche Zusammenarbeit und schließt die Sitzung um 17.00 Uhr.

Der Vorsitzende   Die Schriftführerin
A. Eggli   B. Böker

Verteiler

– Geschäftsleitung
– Mitglieder BAK

Der Protokollführer

1. Seine persönlichen Voraussetzungen

In zahlreichen Seminaren haben erfahrene Protokollanten ihre Beobachtungen mitgeteilt und diskutiert. Dabei hat sich gezeigt, wie anspruchsvoll die Protokollführung in der Praxis ist. Parlamentsstenografen müssen beispielsweise ein abgeschlossenes Hochschulstudium nachweisen können, und auf Stufe Direktion sind meist Protokollanten mit höheren Fachdiplomen im Einsatz.

Zwar werden tagtäglich in allen Unternehmungen zahlreiche Besprechungen und Konferenzen abgehalten, deren Verlauf in Notizen festgehalten werden. Und überall muß sich irgend jemand opfern, um eine gute, brauchbare Zusammenfassung zu erstellen. Oft fragt man sich nicht einmal, ob die neue Sekretärin oder der kürzlich eingetretene Sachbearbeiter die notwendigen persönlichen Voraussetzungen mitbringen, geschweige denn über die erforderlichen Sachkenntnisse verfügen, *über* der Sache stehen. Dabei wäre es entscheidend wichtig, *dem* Mitarbeiter die Schriftführung zu übertragen, der beruflich genügend darauf vorbereitet ist, der den Betrieb, die Leute und die Zusammenhänge genau kennt und arbeitstechnisch rationell vorzugehen weiß.

Aus der Praxis ergeben sich heute
5 persönliche Voraussetzungen:
A. Intellektuelle Fähigkeiten
B. Konzentrationsvermögen
C. Flexibilität
D. Unparteilichkeit
E. Sprachkenntnisse

A. Intellektuelle Fähigkeiten
Jeder Mensch benötigt für seinen Beruf eine gewisse Intelligenz. *Logisches Denk- und Urteilsvermögen* sind wichtige Eigenschaften. Dazu gehören aber auch Denk- und Geisteskraft und eine überdurchschnittliche Auffassungsgabe. Daß darüber hinaus jeder erfolgreiche Protokollant noch über eine gehörige Dosis Klugheit und Scharfsinn verfügen muß, ist eigentlich selbstverständlich.
● Dazu Ihre eigenen Gedanken:
. . . .
. . . .

B. Konzentrationsvermögen
Nach K. O. Schmidt ist jeder Gedanke eine lebendige Kraft, die sich auswirken will. Er ist Keim und Beginn einer Handlung oder einer Wandlung in den Dingen oder Geschehnissen. Die *Gewöhnung an die Gedankenkonzentration* führt zur gesteigerten Arbeitsintensivierung bei sinkendem Aufwand. Eine Leistungssteigerung stellt sich automatisch ein, wenn Sie sich daran gewöhnen, alles, was Sie tun, sofort konzentriert und bewußt durchzuziehen. Eine positive Denk- und Verhaltensweise wird Ihnen das Erreichen der gesteckten Ziele in jeder Arbeitssituation wesentlich erleichtern.
● Dazu Ihre eigenen Gedanken:
. . . .
. . . .

C. Flexibilität
Als Protokollführer flexibel sein heißt auch, sich veränderten Situationen rasch anpassen. Vergessen Sie nicht: Sie führen das

Protokoll − nicht die Verhandlung! Sie schreiben *nach* − nicht vor! Ihre geistige Beweglichkeit und Aufnahmefähigkeit sind Voraussetzung dafür, daß Sie das Wesentliche sofort erkennen und arbeitstechnisch optimal bewältigen. Sitzungen und Konferenzen verlaufen nicht immer nach Plan und Wunsch. Wer sich aber nach allen Regeln der persönlichen Arbeitstechnik vorbereitet hat, wird den berühmten »roten Faden« kaum verlieren. Er weiß die Menschen psychologisch richtig einzuschätzen und behält die Situation im Griff.

Die geistige Beweglichkeit bestätigt sich in der inneren Ruhe und Ausgeglichenheit sowie im Reaktionsvermögen.

● Dazu Ihre eigenen Gedanken:

. . . .

. . . .

D. Unparteilichkeit

Als Schriftführer haben Sie den Auftrag, die Verhandlungen sachlich und unvoreingenommen zusammenzufassen, keine Ihnen nahestehenden Personen zu bevorzugen und alle Aussagen objektiv − ohne persönliche Wertung − zu verarbeiten.

Obwohl Sie nicht vereidigt worden sind, gehören unbedingte Diskretion und Unparteilichkeit zum Ehrenkodex jedes Protokollführers. Immerhin zeigt die Erfahrung, daß kein Mensch in kritischen Situationen wirklich sachlich bleiben kann ... Deshalb wäre es unklug − ja geradezu fahrlässig −, die Protokollführung irgendeinem Konferenzteilnehmer anzuvertrauen. Dieser Grundsatz wird aber in der täglichen Konferenzpraxis häufig verletzt.

● Dazu Ihre eigenen Gedanken:

. . . .

. . . .

E. Sprachkenntnisse

Nur wenige Protokollanten beherrschen die Regeln der deutschen Sprache. Stil, Wortschatz, Rechtschreibung, Zeichensetzung und Grammatik unterliegen ständigen Änderungen.

Dieser Sprachwandel zeigt sich schon darin, daß der Rechtschreib-Duden in seiner jüngsten Auflage wiederum über 3 000 neue Wörter enthält, die den unaufhaltsamen Fortschritt der technischen Entwicklung widerspiegeln.

Gute Sprachkenntnisse werden Ihnen nützen, wenn Sie als Protokollführer einen komplizierten Sachverhalt einfach darlegen und Aussagen von Rednern leichtverständlich festhalten müssen. Doch der Weg zum Erfolg ist mit Steinen gepflastert. Ohne Fleiß kein Preis! Da hilft Ihnen nur das unermüdliche Sprachtraining. Wer mit der Sprache immer sorgfältig umgeht, wird es bald leichter haben.

Schreiben und Lesen gehören zusammen. Lesen Sie daher täglich in einem guten Buch, und üben Sie sich im Formulieren. So kommen Sie dem Ziel bald näher: Sie lernen die Sprache in ihrer Vielfalt besser kennen und wissen, wo die Schwierigkeiten im Ausdruck liegen.

Ob Sie lesen oder schreiben: Sprache ist immer etwas Faszinierendes – das Kommunikationsmittel, das Ihnen alle Türen öffnet.

Der Protokollant muß sich also sprachlich weiterbilden und seine Ausdrucksfähigkeit systematisch schulen. Dazu bietet der Geschäftsalltag jedem lernwilligen Mitarbeiter Möglichkeiten in Hülle und Fülle.

● Dazu Ihre eigenen Gedanken:

. . . .

. . . .

2. Seine sachlichen Voraussetzungen

Wir haben schon festgestellt: Der zuverlässige Protokollant steht *über* der Sache, das heißt, er kennt die Materie und die Zusammenhänge genau. Wer eine Diskussion verstehen will, sollte wissen, worüber gesprochen wird. Nur so wird es ihm möglich, Wesentliches von Unwesentlichem zu trennen.

Oft konnte ich Protokollführer bei ihrer anspruchsvollen Arbeit beobachten; sie führten einen Auftrag aus, über dessen Bedeutung sie so gut wie nichts wußten.

Jeder Fachmann weiß aber, daß der qualifizierte Protokollant

nicht geboren wird. Er muß sich sein Rüstzeug in der Praxis müh-
sam erarbeiten. Auch ich kann Ihnen diese Lehrzeit leider nicht
ersparen. Doch sind Sie bereits daran, sich mit der Sache ausein-
anderzusetzen. Und dies ist ja ein vielversprechender Anfang. –
Betrachten wir dazu die
4 wichtigsten sachlichen Voraussetzungen
A. Sachkenntnisse
B. Psychologisches Geschick
C. Berufliche Erfahrung
D. Arbeitstechnische Dynamik

A. Sachkenntnisse
Wie oft treffen wir Schriftführer, die ihrer Aufgabe nicht gewachsen sind, weil ihnen die Sachkenntnisse abgehen! Deshalb müssen
Sie genau wissen, worum es in der betreffenden Sitzung geht. Sie
benötigen *Detailinformationen,* um die Sie sich *vor* Ihrem Einsatz
bemühen sollten: Studium der Unterlagen, Absprache mit dem
Vorsitzenden usw. Der Protokollführer kennt auch die
gebräuchlichsten Fachausdrücke und branchenüblichen Akürzun-
gen. Jeder Anfänger muß die bisher erstellten Protokolle sowie
die Geschäftsordnung oder Statuten aufmerksam lesen, um die
Zusammenhänge kennenzulernen und sich über seine Aufgabe
Klarheit zu verschaffen. Dann werden ihm Verhandlungsablauf
und -technik keine Schwierigkeiten bereiten. Dann wird er seinen
Auftrag mit Freude, Interesse, Einsatzbereitschaft und innerem
Engagement übernehmen und erfolgreich zu Ende führen.
In diesem Zusammenhang müssen Sie sich auch Klarheit ver-
schaffen über die *Verfahrensweisen* bei Verhandlungen.

● Sachanträge beziehen sich auf *einen* Punkt der Tagesordnung.
  Dabei kann jeder Sitzungsteilnehmer vor Beginn der Verhandlungen einen sogenannten *Grund- oder Hauptantrag* stellen. Im Verlauf der Sitzung eingereichte ergänzende oder ein-
  schränkende Vorschläge sind *Änderungsanträge.* Haupt- und
  Änderungsanträge müssen sich jedoch in logischer Reihenfolge ergänzen.
● Ordnungsanträge beziehen sich stets auf das Verfahren der
  Verhandlung. Sie ergeben sich – je nach Formulierung der

116

Redner und Zeitpunkt des Beitrags – als *Wiederholungs-*, *Wiedererwägungs- oder Verschiebungsantrag*. Ordnungsanträge werden immer von besonders aktiven und kritischen Teilnehmern gestellt. Sie treten oft unvermittelt auf, und der Schriftführer muß darauf vorbereitet sein. Wenn der Vorsitzende beispielsweise eine angeregte Diskussion zusammenfaßt, unterbricht ihn ein Teilnehmer mit dem Zwischenruf: »Halt! Dies war nicht so gemeint. Sie haben mich mißverstanden. Ich will nämlich folgendes vorschlagen: . . .« – Auch dies ist ein Ordnungsantrag, den der Protokollant erfassen soll.

B. Psychologisches Geschick

Zur gekonnten Protokollführung gehört ein Quentchen Diplomatie, eine Mischung von psychologischem Geschick, Takt und Fingerspitzengefühl. Wie oft drückt sich ein aufgebrachter Redner emotionell ungeschickt aus! Und vielleicht löst er damit in der Runde einen Sturm der Entrüstung und allgemeinen Widerstand aus. Zwar dürfen keine Aussagen ungehört verhallen; doch der Protokollant muß mit seinem gesamten psychologischen Instrumentarium dafür sorgen, daß die vergiftete Stimmung im Protokoll nicht »aufgewärmt« wird und die Gemüter etwa erneut erhitzt. Objektiv und kühl halten Sie fest, was in diesem Zusammenhang wichtig ist und der Sache dienlich sein wird: In klaren, verständlichen Sätzen wirken Sie neutralisierend und beruhigend, aber auch positiv. Nur der direkt Beteiligte liest »zwischen den Zeilen«.

Sehen Sie: Als Schriftführer sollten Sie also auch *psychologisch auf der Höhe sein*.

C. Berufliche Erfahrung

Jeder Sitzungsteilnehmer ist ein beruflich erfahrener Mitarbeiter, sonst wäre er nicht dabei. So auch der Protokollführer. Nach einer berufsbezogenen Grundausbildung verfügt er über ein Kernwissen, das auch den Stellenwert des Sitzungsprotokolls umfaßt. Schriftlichkeit unterstreicht auch Verbindlichkeit.

Oder: Was man schreibt, das bleibt! Jeder Teilnehmer ist sich seiner Verantwortung bewußt und gewillt, nach der Geschäfts- und Tagesordnung seinen Beitrag zu leisten. Die Geschäftsordnung regelt den Sitzungsverlauf und die Abstimmungsprozedur.

Die Tagesordnung legt die Reihenfolge der Besprechungspunkte fest. Der Vorsitzende kann dieses Vorgehen nach Bedarf kurzfristig ändern, das heißt kürzen oder erweitern. Immerhin: Alle Tagesordnungspunkte sollten klar und unmißverständlich informieren.

Eine genügende Berufserfahrung ermöglicht daher ein rasches Erfassen der Einzelinformationen und ihrer Zusammenhänge. Vergessen Sie nicht, daß sich Erfahrung kaum von einem Tag auf den andern bildet. Erfahrung hat mit Erkenntnis, Geschicklichkeit, Fertigkeit, Einsicht und Wissen zu tun – sie entsteht durch bewußte, vertiefte Arbeit am Fachwissen und an sich selbst. Dafür gibt es kein Lehrbuch!

D. Arbeitstechnische Dynamik

Dynamik heißt Stärke, Energie, Schwung, Antrieb oder Wirksamkeit. Im Zusammenhang mit der Arbeitstechnik erkennen wir darin eine zielstrebige Arbeitsmethodik, die sich der Protokollführer aneignen soll. Ein dynamisches Arbeitsklima in der Konferenz erleichtert die Führung der Verhandlungen und des Protokolls.

Der Vorsitzende bereitet die Konferenz gründlich vor und dokumentiert sich lückenlos. Der Protokollant schafft sich während der Verhandlung eine schriftliche Grundlage, die ihm eine gezielte Zusammenfassung ermöglicht. Auch dazu gehört eine sorgfältige Vorbereitung. Studieren Sie deshalb das Kapitel »Ein Protokoll entsteht« aufmerksam.

Dynamik in der Arbeitstechnik brauchen Sie deshalb, weil sich im Verhandlungsablauf plötzlich etwas ändern kann, was für Sie Probleme bringen könnte: kurzfristige Unterbrechung der Sitzung, unvorhergesehene Zwischenfälle, unvorbereitete Zeugenaussagen, Verteilung neuer Unterlagen, in die Sitzung einbezogene kurze Besichtigungen und Demonstrationen, Fortsetzung der Verhandlung an einem anderen Ort, unerwartete Ordnungsanträge usw.

118

Merken Sie sich daher die folgenden Tips eines erfahrenen Protokollanten:

- Trainieren Sie Ihre Energie.
- Überlisten Sie die Trägheit.
- Bestimmen Sie Ihren Arbeitsrhythmus.
- Arbeiten Sie mit System.
- Schulen Sie Ihr Gedächtnis.
- Fördern Sie Ihre Konzentrationsfähigkeit.
- Betreiben Sie Kommunikationstraining.
- Lernen Sie stenografieren.

Devise des Protokollanten
JEDERZEIT NOTIZBEREIT!

Das Wichtigste in Kürze:
1. Die Protokollführung ist eine anspruchsvolle, wichtige Aufgabe, die eine umfassende Allgemeinbildung, Sach- und Fachkenntnisse sowie eine hohe Dosis Selbstmotivation erfordert.
2. Grundsätzlich sollte man die Protokollführung einer erfahrenen Person übertragen, die sich sprachlich gewandt ausdrücken kann.
3. Persönliche Voraussetzungen: intellektuelle Fähigkeiten, Konzentrationsvermögen, geistige Beweglichkeit, Unbestechlichkeit und sehr gute Sprachkenntnisse.
4. Logisches und rationelles Denken, Durchhaltevermögen, Anpassungsfähigkeit und Objektivität sind Eigenschaften, die jeder Protokollant nach und nach erwerben muß.
5. Demgegenüber unterscheiden wir 4 sachliche Voraussetzungen: fundiertes Sachwissen, psychologisches Geschick, Berufserfahrung, arbeitstechnische Dynamik.
6. Der Protokollführer muß jeder Verhandlungssituation gewachsen sein und *über* der Sache stehen.
7. Der Sachantrag bezieht sich auf *einen* Punkt der Tagesordnung (Traktandenliste).
8. Der Ordnungsantrag betrifft das Verhandlungsverfahren

119

(Zwischenrufe, Berichtigungen, dringliche Hinweise usw.).

9. Die Sachlichkeit des Schriftführers zeigt sich auch in seiner selbstsicheren und neutralen Haltung.
10. Fördern Sie die Konzentrationsfähigkeit, indem Sie Ihre persönliche Arbeitstechnik verfeinern, das Gedächtnis trainieren und mit Ihrer Energie sinnvoll umgehen.

Kontrollfragen
(Die Antworten finden Sie auf Seite 135)

1. Nennen Sie 3 Ihrer Meinung nach wichtige persönliche Voraussetzungen des qualifizierten Protokollanten:
   –
   –
   –
2. Erklären Sie den Begriff »intellektuelle Fähigkeiten«.
3. Welchen Stellenwert geben Sie den Sprachkenntnissen?
4. Was verstehen Sie unter den »sachlichen Voraussetzungen«?
5. Was ist ein Sachantrag?
6. Zu welcher Hauptgruppe zählen Sie einen Wiederholungsantrag?

Aufgaben:
- Erstellen Sie eine Checkliste von den Ihnen als wichtig erscheinenden persönlichen Voraussetzungen eines Protokollführers, und prüfen Sie in einer Konferenz/Sitzung, ob der eingesetzte Schriftführer die minimalsten Anforderungen erfüllt.
  Sie werden feststellen müssen, daß man das Protokoll in vielen Fällen einem falschen Mitarbeiter oder einer falschen Sekretärin »anhängt«.
- Wenn Sie selber als Protokollant mitwirken, sollten Sie nach der nächsten Sitzung eine Mängelliste anfertigen, aus

der ersichtlich ist, mit welchen Unzulänglichkeiten Sie noch kämpfen.

Schreiben Sie danach eine <u>Wunschliste,</u> aus der hervorgeht, welche Fähigkeiten Sie sich noch erwerben sollten.

(Wenn Sie diese Liste vor sich haben, setzen Sie sich sofort Prioritäten, womit Ihre nächste Hauptaufgabe feststeht!)

Kleine Stilübung

Hier: Das treffende Wort

»Schreiben Sie doch so, wie Sie es wirklich meinen!« sagte ein Ausbilder in einem Schreibseminar. Und er hatte recht: Umständliche sprachliche Wendungen und falsche Wörter verfehlen ihr Ziel. Der Leser versteht uns nicht. Viele Wörter treffen kaum, weil sie den eigentlichen Gedanken des Schreibers nicht klar genug wiedergeben. Sie passen nicht in den Satzbau, führen zu verhängnisvollen Mißverständnissen oder stören die Sprachlogik. Im Satz »A. Wieser bat für eine Aussprache« stimmt beispielsweise die Präposition nicht: »A. Wieser bat *um* eine Aussprache« ist richtig.

Dazu einige Beispiele aus der Praxis:

Falsch	Richtig
● B. Meyer beantragt eine Entschädigung über DM 3 000.	B. Meyer beantragt eine Entschädigung *von* DM 3 000.
● Direktor Schüller setzt uns für diesen Auftrag einen Termin von 10 Tagen.	Für diesen Auftrag gewährt uns Direktor Schüller 10 Tage *Frist.*

122

3 Merkpunkte für Sie:

- Die sichere Übermittlung Ihrer Gedanken ist nur möglich, wenn Sie die Wörter richtig auswählen.
- Verwenden Sie als zweckmäßiges Hilfsmittel ein bewährtes Nachschlagewerk sinnverwandter Wörter.
- Erweitern Sie Ihren aktiven Wortschatz täglich; neue Wörter wecken neue Assoziationen und Ideen.

Setzen Sie treffendere Wörter, die ausdrücken, was man meint:

1. *Original:*
Die Geschäftsleitung genehmigt die Anfrage der Mitarbeiterkommission einstimmig.
Besser:

. . . .

. . . .

2. *Original:*
Die Veteranenversammlung macht am Samstag einen Ausflug.
Besser:

. . . .

. . . .

3. *Original:*
Die Preise der Abonnements sind für das folgende Jahr mit 10 % Erhöhung einzubeziehen.
Besser:

. . . .

. . . .

4. *Original:*
Das rasche Vorgehen des Arztes scheint uns sehr fraglich.
Besser:

. . . .

. . . .

123

Ein Protokoll entsteht

1. Bereiten Sie sich vor!

Jede Arbeit steht und fällt mit ihrer *Planung*. Planen bedeutet, einen Arbeitsablauf in kleine, überschaubare Teilziele zerlegen und arbeitsmethodisch aufbereiten. Wenn Sie sich als Protokollant umsichtig auf eine Sitzung vorbereiten, werden Sie Ihre Aufgabe leichter erfüllen und unvermittelt auftretende Probleme rascher bewältigen können.

Wichtige Arbeitsvorbereitungen
- Studieren Sie Tages- und Geschäftsordnung sowie die letzten Protokolle aufmerksam. Dadurch gewinnen Sie Übersicht.
- Erstellen Sie eine Anwesenheitsliste mit allen wichtigen Angaben der Teilnehmer:

> NAME, VORNAME, TITEL, FUNKTION, ABTEILUNG, KURZZEICHEN

Hier haken Sie die Anwesenden ab, bei den andern halten Sie den Grund ihrer Abwesenheit fest!
- Studieren Sie die vorhandenen Unterlagen und Anträge. So verstehen Sie die Diskussion besser.
- Bereiten Sie den sogenannten *Protokollrahmen* vor:

124

- *Protokollkopf:*
  Er gibt an, wer, wo, wann, mit wem, worüber verhandelt hat:

Muster

Protokoll Nr. 13
über die Hauptversammlung der
Stockwerkeigentümer-Gemeinschaft Nelkenweg 20
vom 19. 12. 19 . ., 20.00–22.00 Uhr
in der Wohnung Hch. Wiesner

Vorsitz	W. Büchi, Verwalter
Anwesend	Frau V. Signer
	Frau B. Urfer
	Herr F. Arbenz
	Herr B. Bienz
	Herr E. Meyer
	Herr T. Haldimann
Entschuldigt	Frau I. Hunkeler
Protokoll	F. Arbenz
Tagesordnung	1. Protokoll der 12. Hauptversammlung
	2. Abrechnung auf den 30. 06. 19 . .
	3. Renovierung Treppenhaus
	5. Wahlen
	5.1 Verwalter
	5.2 Protokollführer
	6. Verschiedenes

- *Protokollfuß:*
  Dazu gehören
  - der Hinweis auf die nächste Sitzung
  - die Unterschriften des Schriftführers und des Vorsitzenden (das Protokoll ist – wie eine Urkunde – rechtsgültig zu unterschreiben)
  - die Anlagen (jede Anlage einzeln aufführen)
  - der Verteiler (alle Empfänger namentlich erwähnen)

125

- Verwenden Sie für Ihre Protokollnotizen einen karierten Block A4 – nicht einen Stenoblock.
  Halbieren Sie die Seiten senkrecht:
  - links schreiben Sie während der Verhandlung
  - rechts entsteht dann Ihr Entwurf (arbeitstechnisch sinnvoll)
- Numerieren Sie die Seiten oben rechts mit Farbstift.
- Beschreiben Sie diese Blätter nur einseitig.
- Halten Sie mindestens einen Ersatzstift bereit (Steno-Füllfederhalter, Kugelschreiber mit Spezialmine, Bleistift mittleren Härtegrades).
- Bereiten Sie Ihr Tonbandgerät für den Einsatz vor (leere Kassetten bereitlegen, die angeschrieben und numeriert sind).
- Betreiben Sie systematisch autogenes Psychotraining, damit Sie Ihre verantwortungsvolle Tätigkeit physisch und psychisch völlig entspannt beginnen können.

Sonderhinweise:
- Das Planen beginnt mit der Zielsetzung.
  Also: Setzen Sie sich Ziele!
- Zielsetzung ohne Planen ist unwirtschaftlich.
  Also: Gehen Sie systematisch vor!

---

2. Notizen und gutes Gedächtnis

Notizen sind vorzügliche Gedankenstützen. Was Sie nicht schriftlich festgehalten haben, muß – falls nötig – Ihr Gedächtnis ergänzen. Das ist gar nicht so schwer, wenn man die richtigen Notizen vor sich hat. Flinke Stenografen sind da immer im Vorteil: Sie können einem Redner wenn nötig aufs Wort folgen. Sie sind beweglich und reaktionsschnell. Sie können bereits beim Schreiben die Spreu vom Weizen trennen. Sie kennen das Verhandlungsverfahren und leiden kaum unter Streß.

126

Und die Nichtstenografen? Auch sie eignen sich als Protokollanten; nur werden sie sich eher auf *Stichwortnotizen* beschränken. Den Rest holen sie aus ihrem Erinnerungsvermögen. Vielleicht wird das Protokoll dadurch etwas straffer. Wichtig ist jedoch, daß Beschlüsse, Vereinbarungen, Anträge, wesentliche Argumente und Erwägungen sowie allgemein interessierende Fragen und Antworten richtig eingefangen und sinngemäß festgehalten werden.

Rationelles Protokollieren setzt eine *sinnvolle Aufnahmetechnik* voraus. Schreiben Sie; doch schreiben Sie nicht zuviel! Wenn Sie nämlich zu Beginn der Verhandlung alles festhalten wollen, werden Sie nach und nach weniger konzentriert schreiben, wichtige Kleinigkeiten versäumen und bis zuletzt nur noch alles Wesentliche notieren. Das Protokoll wird dann entsprechend oberflächlich enden, was jedem Leser bald auffallen wird. Umgekehrt wäre auch schlecht verfahren: Wer nämlich nur sehr wenig notiert, braucht schon ein phänomenales Gedächtnis, wenn er alle verlorenen Gedanken wiederfinden soll.

10 Tips für Ihre Aufnahmetechnik

① Beschreiben Sie Ihren Block nur auf der linken Seite. Die rechte Seite benutzen Sie für den Reinschriftentwurf (unmittelbare Vergleichsmöglichkeit).

② Nehmen Sie für jeden Tagesordnungspunkt ein neues Blatt. Die Überschriften bringen Ordnung und Übersicht in Ihre Notizen!

③ Unterstreichen Sie wichtige Textstellen: Namen und Schlüsselwörter müssen auffallen.

④ Gehen Sie mit dem Schreibraum großzügig um! So haben Sie genügend Platz für etwaige Einschiebungen.

⑤ Fangen Sie für jede Wortmeldung einen neuen Abschnitt an. So gewinnen Sie die notwendige Übersicht.

⑥ Schreiben Sie klein. Kleine Schriften sind arbeitstechnisch vorteilhaft.

⑦ Bereinigen Sie Unklarheiten sofort oder unmittelbar nach der Sitzung! Wenn nötig, ziehen Sie einen Sachverständigen hinzu.

⑧ Bei wörtlichen Notizen holen Sie vom betreffenden Redner das »Gut zum Druck« ein. So verhindern Sie unliebsame, ärgerliche Diskussionen und Auseinandersetzungen.

⑨ Zu Ihrer persönlichen Absicherung sollten Sie Beschlüsse stets laut vorlesen. So weiß jedermann, wie der Wortlaut im Protokoll heißen wird.

⑩ Für Fragen, die Sie nach der Sitzung rasch klären müssen, halten Sie farbiges Notizpapier bereit. – Organisation ist nicht alles, aber ohne Organisation ist alles nichts...

Überlegen Sie – es stimmt!
»Um wirklich glücklich zu sein,
brauchen wir etwas, wofür wir uns begeistern können.«

Charles Kingsley

---

3. Der letzte Schliff

Wenn Sie die Sitzung glücklich überstanden haben, werden Sie sich vermutlich sofort anderen Aufgaben zuwenden. Doch Achtung! Eindrücke verblassen rasch; das Kurzzeitgedächtnis ist ein Sieb. Tage später liegen die Notizen immer noch herum. Dabei wäre es so viel einfacher, die Reinschrift des Protokolls gleich tags darauf in Angriff zu nehmen. Planen Sie auch die Verarbeitungszeit!

Die Aufgabe des Protokollanten ist erst mit der Niederschrift der Endfassung erfüllt. Bearbeiten Sie Ihre Notizen mit dem *Farbstift:* Gliedern Sie den Text sinngemäß, bilden Sie Themenblöcke, trennen Sie Erläuterungen von Vereinbarungen, Stellungnahmen von Anträgen, Aussagen von Argumenten, Erwägungen von Beschlüssen, Folgerungen von Aufträgen.

Für das Ergebnis- und Beschlußprotokoll sowie das Kurzprotokoll wählen Sie für Ihre Formulierungen stets das *Präsens* (Gegenwart). Abgeschlossene Handlungen stehen im *Perfekt* (vollendete Gegenwart).

Ihr Protokoll soll übersichtlich, klar und leicht lesbar werden. Dies erreichen Sie mit einfachen Sätzen und treffenden Worten.

Die Grobgliederung ergibt sich aus den Tagesordnungspunkten. Innerhalb dieses Rahmens gliedern Sie, unabhängig vom Diskussionsverlauf, nach sachlichen Gesichtspunkten.

Wenn Sie Diskussionen zusammenfassen, erwähnen Sie in der Regel die einzelnen Redner namentlich; es sei denn, die Sache stehe ganz im Zentrum der Verhandlung. Sie wissen ja: Das Protokoll ist ein *Sach*bericht.

Bei der Niederschrift beachten Sie bitte

10 arbeitstechnisch wesentliche Hinweise

①　Erstellen Sie das Protokoll so rasch wie möglich. Die Arbeit wird Ihnen leichterfallen.

②　Gehen Sie systematisch vor. So ersparen Sie sich Ärger, Zeit und Mehrarbeit.

③　Zeichnen Sie Ihre Notizen mit Farben aus. Unterstreichen Sie Eigennamen und Kerngedanken.

④　Straffen Sie Ihre Sätze. Oft genügen Stichworte.

⑤　Streichen Sie, was unwesentlich und überflüssig ist.

⑥　Entwerfen Sie die 1. Fassung auf der rechten Seite Ihrer Notizblätter in Handschrift, neben den Protokollnotizen, oder entwerfen Sie Ihre 1. Niederschrift am Bildschirm Ihres Schreibsystems.

⑦　Schreiben Sie kurze, klare Sätze im Aktiv. Achten Sie auch auf inhaltliche Ausgewogenheit.

⑧　Erstellen Sie eine Empfängerliste, und bestimmen Sie die Anzahl (3—5 Kopien als Reserve!).

⑨　Schriftführer und Vorsitzender unterschreiben die Endfassung.

⑩　Markieren Sie für jeden Empfänger die für ihn wichtigen Textstellen: Aufträge, Termine usw.

Pro Memoria
Zeitgemäß, übersichtlich, sauber und fehlerlos dargestellte Protokolle sprechen für sich.

---

4. Folgearbeiten — keine Nebensächlichkeit

Wenn die tadellose Reinschrift allen Empfängern zugegangen ist,
bleiben für den zuverlässigen Protokollanten noch einige Folgetä-
tigkeiten, die große Sorgfalt und arbeitstechnisches Können vor-
aussetzen:

6 wichtige Kleinigkeiten

① Bewahren Sie die Protokolloriginale als vollständige Samm-
    lung auf (Ordnerablage: »Protokolle 1986 —...«)

② Ergänzen Sie Ihre eigene Termin- und Auftragskontrolle mit
    jenen Beschlüssen, die Sie persönlich betreffen.

③ Kümmern Sie sich um die Termin- und Auftragskontrolle der
    ganzen Kommission (Terminkartei, Terminator).

④ Erstellen Sie aus Protokollkopien entsprechende Auszüge für
    alle Betroffenen, und sorgen Sie dafür, daß diese Mitarbeiter
    nochmals ausdrücklich auf ihre Pflichten hingewiesen wer-
    den.

⑤ Überwachen Sie die Termine und Aufträge; halten Sie den
    Vorsitzenden (Präsidenten) auf dem laufenden.

⑥ Schaffen Sie sich eine einwandfrei funktionierende persönli-
    che Arbeitstechnik. Entwickeln Sie ein optimales System.
    Vor allem: Planen Sie Ihre Zeit!

Was noch zu erwähnen wäre ...

● Wenn das Protokoll lediglich als Original vorliegt, werden
  Sie es an der nächsten Sitzung vorlesen müssen, bevor es
  genehmigt werden kann.

● Das Protokoll wird oft von beauftragten Kommissionsmitgliedern geprüft und genehmigt.

● In gewissen Kommissionen erhalten die Mitglieder das
  Protokoll erst zusammen mit der Einladung zur nächsten
  Sitzung.

Das Wichtigste in Kürze
1. Ein Protokoll entsteht in 3 Hauptarbeitsphasen:
sorgfältige Vorbereitung des Protokollanten, indem er sich mit dem Verhandlungsgegenstand auseinandersetzt und sich in die Materie und deren Zusammenhänge vertieft.
2. Ebenso kann man den Protokollrahmen bereits vor der Sitzung vorbereiten.
3. Die Anwesenheitsliste gibt Auskunft über die beteiligten Personen, deren Funktionen und Herkunft (Abteilung, Gast von befreundeten Unternehmen und Niederlassungen oder Kunden/Lieferanten).
4. Für die Protokollnotizen verwenden Sie am besten einen karierten Block DIN A4, dessen Seiten Sie vertikal halbieren und vorerst nur die linke Seite beschreiben. Die rechte benötigen Sie für den ersten Entwurf.
5. Damit Sie den Verhandlungen aufmerksam folgen können,
   - müssen Sie sich für die Sache interessieren
   - sollten Sie ausgeruht und entspannt erscheinen
6. Gehen Sie mit dem Schreibraum immer großzügig um. Dies ermöglicht Ihnen einen guten Überblick und eine klare Textdarstellung. Auch Einschiebungen sind so noch möglich.
7. Gliedern Sie Ihre Notizen: neue Abschnitte, Numerierung von Aufzählungen, alphabetische Bezeichnungen, Leitstriche usw.
8. Beschlüsse und Zitate wenn nötig laut vorlesen! Damit sichern Sie sich ab und vermeiden zeitraubende Rückfragen.
9. Zeichnen Sie Ihr Manuskript mit Farben, Unterstreichungen usw. aus. – Formulieren Sie Ihre Sätze wenn immer möglich im Präsens, und schreiben Sie sie im Aktiv.
10. Überwachen Sie die Termine und halten Sie den Vorsitzenden auf dem laufenden.

Kontrollfragen
(Die Antworten finden Sie auf Seite 135)

1. Welche Angaben müssen Sie in die Anwesenheitsliste eintragen?
2. Welche Angaben enthält der Protokollkopf?
3. Weshalb sollte am Protokollfuß auch ein Hinweis auf die nächste Sitzung stehen?
4. Weshalb muß ein Protokoll übersichtlich und klar dargestellt sein?
5. In welcher Zeitform schreiben Sie Ihre Protokolle, wenn immer möglich?
6. Weshalb werden Protokolle von Schriftführer und Vorsitzendem unterschrieben?

Aufgaben:
- Erstellen Sie eine Checkliste, in der Sie der Reihe nach alle *Arbeitsvorbereitungen* festhalten, die für Ihren besonderen Fall wichtig sind. – Bestimmt werden Sie Punkte entdecken, die Sie bisher ahnungslos vernachlässigt haben.

  Diese Checkliste wird sich – je nach den Bedürfnissen – künftig immer wieder verändern. Also: Halten Sie sie auf dem laufenden. Dann erst ist sie auch brauchbar.
- Kopieren Sie alte Protokolle, und »bearbeiten« Sie sie sorgfältig mit dem Rotstift. Trachten Sie danach,
  - umständliche und zu lange Sätze zu straffen,
  - Passivsätze ins Aktiv umzuschreiben,
  - unklare Wörter und Formulierungen zu verbessern,
  - schlechte Darstellungen übersichtlicher zu machen.

  Schließlich formulieren Sie einige Protokolle neu und bezeichnen sie als »Musterprotokolle«.

  So erhalten Sie nach und nach eine Sammlung, die Ihnen in Zweifelsfällen bestimmt weiterhilft. In diese Sammlung gehören auch die Checklisten und andere wichtige Arbeitshilfen.

Kontrollfragen (Lösungen)

Kontrollfragen Seite 20
1. Der gute Mitteilungsstil ist inhaltlich vollständig und richtig, klar und sprachlich einwandfrei.
2. Veralteter Stil, sprachliche Unbeholfenheit, mangelnde Motivation, Zeitnot
3. Stil = Ausdrucksform, Darstellungsweise, Schreibart

Kontrollfragen Seite 28
1. EIKLAN = einfach, klar, anschaulich
2. 1. Inhalt, 2. Sprache, 3. Darstellung
3. Nein. Der Kern (Mittelteil) bildet das Schwergewicht.

Kontrollfragen Seite 41
1. Aktennotizen: kurz, sachlich, richtig, klar
2. Reihenfolge:
   a) Wer? Was? Mit wem? Wann? Wo? Weshalb?
   b) Vereinbarungen zusammenfassen
   c) Folgerungen festhalten
   d) Verteiler festlegen
   e) Ort, Tag, Zeit und Unterschrift(en) beifügen
3. Überschriften bilden Informationsschwerpunkte.

Kontrollfragen Seite 66

1. Die 3 wichtigsten Anforderungen:
   - Wahrheit und Klarheit
   - Vollständigkeit
   - Kürze
2. 6 Berichtsarten:
   Pressebericht, politischer Bericht, Sportbericht, Wirtschaftsbericht, Börsenbericht, Untersuchungsbericht
3. Die 7 W-Fragen: Wer? Was? Wie? Wann? Wo? Warum? Wozu?
4. Aufbau: 1. Überschrift, 2. Autor, 3. Vorbemerkung, 4. Einzelheiten, 5. Beispiele, 6. Folgerungen

Kontrollfragen Seite 79

1. Protokollbegriff: Verhandlungsablauf oder Beschlüsse einer Konferenz mehr oder weniger gerafft schriftlich wiedergeben
2. 6 Protokollarten aus dem Alltag:
   Wörtliches Protokoll – Beschlußprotokoll – Kurzprotokoll – Aussageprotokoll – Unfallprotokoll – Reiseprotokoll – Untersuchungsprotokoll
3. Arbeitsgrundlage, Beweismittel, Dokument, Führungsinstrument, Informationsmittel, Urkunde
4. Grundlage für weiteres Vorgehen. Es soll Auskunft geben über die Zusammenhänge und Hintergründe von Beschlüssen; denn darauf basieren die gefällten Entscheide.

Kontrollfragen Seite 98

1. Die Protokollart richtet sich nach dem Informationsbedarf.
2. 2 Vorteile des Beschlußprotokolls:
   - Übersicht
   - Rasche Information
3. Ein Stichwortprotokoll genügt, wenn wir das Protokoll nur als Sitzungsunterlage verwenden.
4. Das Kurzprotokoll wird auch »Zusammenfassendes Protokoll« genannt.
5. Ein Kurzprotokoll ist schwierig zu verfassen, weil der Proto-

134

kollant Wesentliches von Unwesentlichem unterscheiden muß und die Gewichtung in eigener Verantwortung vornimmt.
6. Wir schreiben, wenn immer möglich, in der Gegenwart (Präsens).
7. Wir vereinfachen:
beantragen – feststellen – können – ändern – senden

Kontrollfragen Seite 120
1. Intellektuelle Fähigkeiten, Konzentrationsvermögen, geistige Beweglichkeit
2. Intellekt = Verstand, Erkenntnis- oder Denkvermögen – Intellektuelle Fähigkeiten: folgerichtiges Denk- und Beurteilungsvermögen, Zusammenhänge verstehen und logisch einordnen.
3. Die sprachliche Ausdrucksfähigkeit ist für den Protokollführer eine wichtige Voraussetzung. Ferner muß er die Regeln des Stils, des Wortgebrauchs, der Rechtschreibung, der Zeichensetzung und der Grammatik kennen und anwenden können.
4. Der zuverlässige Protokollant soll *über* der Sache stehen, das menschliche und sachliche Umfeld einer Konferenz überblicken und das Wesentliche vom Unwesentlichen unterscheiden können. Zu den sachlichen Voraussetzungen gehören Sach- und Fachkenntnisse, psychologisches Geschick, berufliche Erfahrung und eine optimale persönliche Arbeitstechnik.
5. Ein Sachantrag bezieht sich auf *einen* Punkt der Tagesordnung. Dabei unterscheiden wir Grund- und Änderungsanträge.
6. Ein Wiederholungsantrag gehört zur Gruppe der Änderungsanträge.

Kontrollfragen Seite 132
1. Name, Vorname, Titel, Funktion, Abteilung, Kürzel
2. Der Protokollkopf gibt an, wer, wo, wann, mit wem, worüber verhandelt hat.
3. Die Sitzungsteilnehmer können so ihre Termine planen.

4. Übersicht vereinfacht und beschleunigt die Informationsaufnahme. Klarheit verhindert Mißverständnisse oder Informationslücken.
5. Präsens (Gegenwart)
6. Die Unterschriften signalisieren rechtliche Verbindlichkeit und Verantwortung.

Bau-Steine für Nachdenker

Zeit für zehn Dinge

1. Nimm Dir Zeit zum *Arbeiten* –
   das ist der Preis für den Erfolg

2. Nimm Dir Zeit zum *Nachdenken* –
   das ist die Quelle der Kraft

3. Nimm Dir Zeit zum *Spielen* –
   das ist das Geheimnis der Jugend

4. Nimm Dir Zeit zum *Lesen* –
   das ist das Fundament des Wissens

5. Nimm Dir Zeit für die *Andacht* –
   das wäscht Dir den irdischen Staub von deinen Augen

6. Nimm Dir Zeit für Deine *Freunde* –
   das ist die Quelle des Glücks

7. Nimm Dir Zeit zum *Lieben* –
   das ist das einzige Sakrament des Lebens

8. Nimm Dir Zeit zum *Träumen* –
   das zieht die Seele zu den Sternen hinauf

9. Nimm Dir Zeit zum *Lachen* –
das ist die Erleichterung, die die Bürden des Lebens tragen hilft

10. Nimm Dir Zeit zum *Planen* –
denn dann hast Du auch Zeit für die ersten neun Dinge

Sachregister